DES DROITS DU VENDEUR NON PAYÉ

EN DROIT ROMAIN

DE LA RÉSOLUTION DE LA VENTE

POUR DÉFAUT DE PAYEMENT DU PRIX

EN DROIT FRANÇAIS

THÈSE POUR LE DOCTORAT

PAR

GEORGES MALÉZIEUX

AVOCAT A LA COUR D'APPEL

PARIS

IMPRIMERIE MOQUET

11, RUE DES FOSSÉS-SAINT-JACQUES, 11

1881

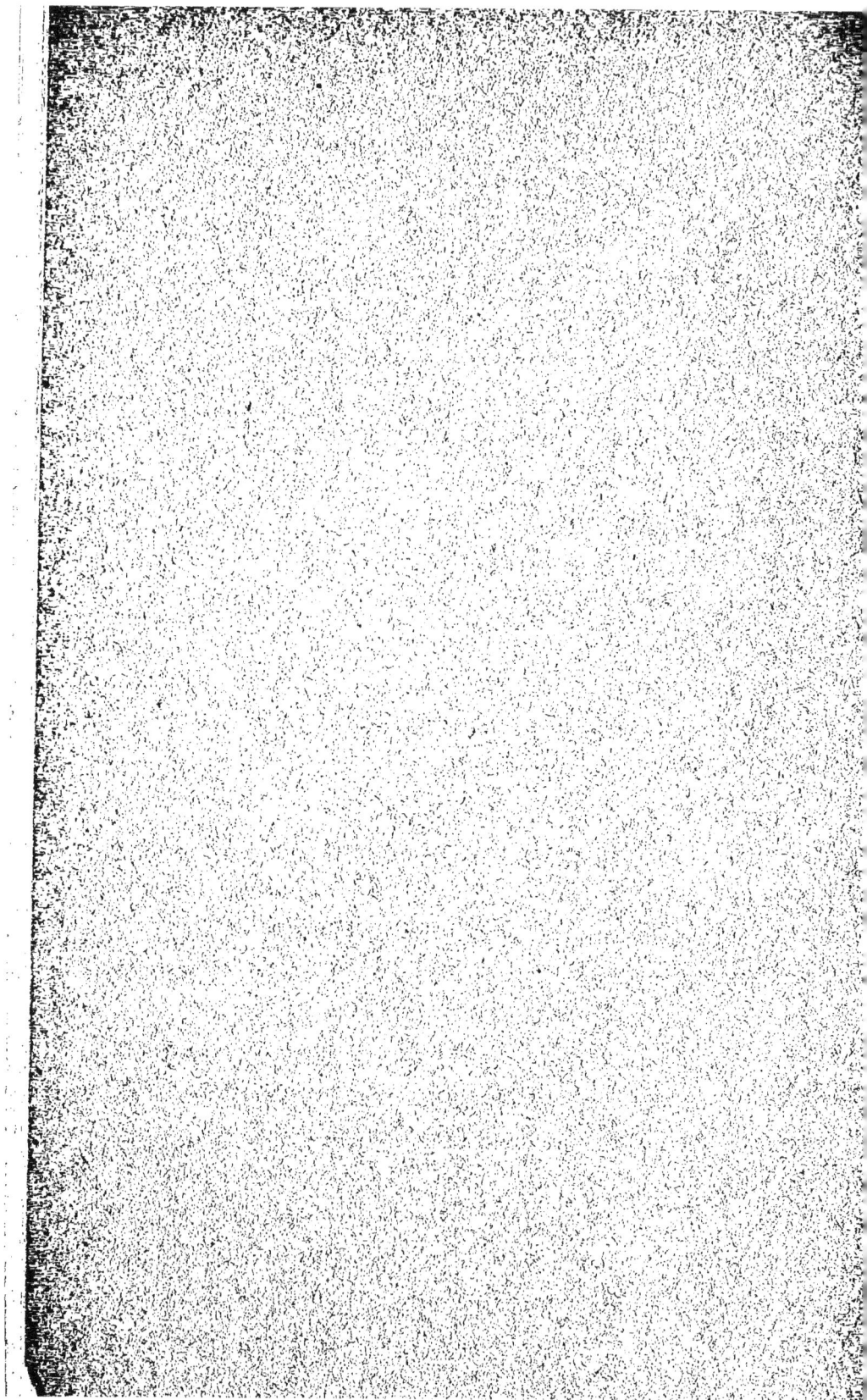

FACULTÉ DE DROIT DE PARIS

DES DROITS DU VENDEUR NON PAYÉ

EN DROIT ROMAIN

DE LA RÉSOLUTION DE LA VENTE

POUR DÉFAUT DE PAYEMENT DU PRIX

EN DROIT FRANÇAIS

THÈSE POUR LE DOCTORAT

Soutenue le Samedi 23 Juillet 1881, à 12 heures

PAR

GEORGES MALÉZIEUX

AVOCAT A LA COUR D'APPEL

Président : M. BUFNOIR, Professeur

	MM. LABBÉ		PROFESSEURS
	GLASSON		
SUFFRAGANTS	LYON-CAEN		AGRÉGÉS
	ALGLAVE		

PARIS

IMPRIMERIE MOQUET

11, RUE DES FOSSÉS-SAINT-JACQUES, 11

1881

DROIT ROMAIN

DES DROITS DU VENDEUR NON PAYÉ

INTRODUCTION

La vente, en droit romain, n'était pas translative de
propriété. Comme tous les contrats, elle produisait
seulement des obligations. Le vendeur s'obligeait à
procurer à l'acheteur toute l'utilité de la chose (L. 30,
§ 1ᵉʳ, Dig., *De act. empt. et vend.* XIX, 1); et l'acheteur, de son côté, s'obligeait à donner au vendeur des
pièces de monnaie (L. 11, § 2, *eod.*). Ces obligations
étaient sanctionnées, celle du vendeur par l'action
empti, celle de l'acheteur par l'action *venditi*, toutes
deux personnelles et de bonne foi.

Le vendeur pouvait donc, au moyen de l'action *venditi*, contraindre l'acheteur à exécuter le contrat. Toutefois, l'exercice de cette action ne lui était ouvert
qu'autant que la vente était parfaite, c'est-à-dire, dès

1

l'instant où il était tombé d'accord avec l'acheteur sur la chose et le prix, dans le cas de vente pure et simple, et dans le cas de vente à terme ou conditionnelle à l'échéance du terme ou à l'arrivée de la condition.

L'action *venditi* était pour le vendeur une garantie insuffisante tant à cause de sa nature d'action personnelle, qu'à cause du caractère pécuniaire de la condamnation à laquelle elle aboutissait. L'acheteur en effet était condamné, non pas à restituer la chose elle-même, mais à payer une somme d'argent. Il en résultait cette conséquence que le vendeur était menacé de perdre tout à la fois et la chose et le prix. Et d'abord, si l'acheteur était insolvable, le vendeur, simple créancier chirographaire, devait subir le concours des autres créanciers de son débiteur. De plus, si l'acheteur avait disposé de la chose en l'aliénant ou en la grevant de droits réels, le vendeur se trouvait désarmé contre les tiers, car le contrat de vente intervenu entre les parties n'avait aucun effet à leur égard puisqu'ils y étaient restés étrangers.

Aussi, le besoin d'une action réelle, d'une action en revendication se faisait-il sentir; et comme l'action en revendication est une des conséquences du droit de propriété, nous sommes conduit à rechercher dans quels cas le vendeur demeurait propriétaire.

En principe, la propriété ne passait sur la tête de l'acheteur que lorsqu'un mode d'acquérir, une *mancipatio*, une *in jure cessio*, ou une tradition s'était réa-

lisé à son profit. La tradition transfère la propriété
lorsqu'il s'y joint une *justa causa*, c'est-à-dire, lorsque
les parties sont d'accord, l'une pour transférer, l'autre
pour acquérir. Cette *justa causa* résulte, en général,
du fait juridique dont la tradition est l'exécution. Ainsi,
une donation ayant eu lieu, la tradition de la chose
donnée rendra l'acheteur propriétaire. Cela ne suffit
pas en matière de vente. Bien que le contrat soit parfait et que la chose ait été livrée, le vendeur reste propriétaire tant que le prix n'a pas été payé.

Cette solution n'est que l'interprétation de la volonté
présumée des parties : il est probable que le vendeur
n'a pas entendu abdiquer le *dominium* avant d'avoir
été désintéressé par l'acheteur. Dans un contrat aussi
important que la vente, on comprend que le législateur se soit montré plus difficile à admettre la translation de propriété. Il fallait protéger le vendeur contre
la mauvaise foi ou la négligence de l'acheteur, d'autant plus que la position respective des parties n'est
pas toujours égale : le vendeur, homme besoigneux, a
pu être contraint par la misère à se défaire de son
bien ; l'acheteur, au contraire, poursuit souvent un but
de spéculation, ce qui le rend moins digne de sollici-
tude.

Le vendeur peut donc, si bon lui semble, renoncer
à la protection qui lui est offerte ; c'est ce qui arrive si
au lieu de vendre au comptant, il accorde un terme à
son débiteur, s'il suit la foi de l'acheteur ; de même ;

accepte-t-il de celui-ci une sûreté spéciale, un gage, une hypothèque ou une caution ? Dans ces différentes hypothèses la propriété se trouve transférée à l'acheteur. Ces garanties, en effet, ne présenteraient pas pour le vendeur une grande utilité en présence de son droit plus complet de propriétaire. On peut donc dire que l'acceptation par le vendeur d'une sûreté réelle ou personnelle implique de sa part l'abandon de la propriété : cette satisfaction est équipollente au payement (LL. 19 et 53, Dig., *De contrah. empt.*, XVIII, I).

Toute cette théorie, spéciale à la vente, est résumée dans le § 41, *De divisione rerum*, aux Institutes. Au dire de Justinien, elle remonterait à la loi des Douze Tables, ce qui permet d'en rendre raison. A cette époque, la simple remise de la chose n'emportait pas translation de propriété ; il fallait se servir de la *mancipatio*, vente solennelle *per æs et libram* faite en présence de citoyens romains et pubères ; parmi les formes qui étaient prescrites à peine de nullité figurait une pesée : le lingot représentant le prix était placé dans un des plateaux de la balance. La tradition naquit plus tard de la *mancipatio* qu'elle remplaça, mais dont elle conserva des vestiges lorsqu'il s'agit de vente ; et, de même qu'on avait exigé que le lingot fût pesé, de même on exigea que le prix fût payé pour que le transport de la propriété eût lieu.

En résumé, le vendeur avait tous les droits du propriétaire lorsqu'il avait vendu au comptant. Au contraire, lorsqu'il avait vendu à terme, aucune garantie ne lui était accordée par la loi, ni réelle, ni personnelle : aussi, dans ce dernier cas, avait-on recours à la convention pour protéger les intérêts du vendeur. Ces garanties conventionnelles, grâce à leur commodité, furent également employées dans les ventes sans terme.

Nous étudierons successivement les garanties légales accordées par la loi au vendeur au comptant, c'est-à-dire le droit de rétention, la revendication et l'action publicienne; puis les garanties conventionnelles du vendeur à terme, c'est-à-dire le pacte d'hypothèque, le contrat de gage et le pacte *reservati dominii*; enfin les garanties conventionnelles qui étaient en usage dans toutes les ventes, c'est-à-dire les conventions de louage et de précaire et la *lex commissoria*.

DU DROIT DE RÉTENTION

Le vendeur doit avoir la chose ou le prix : tel est le principe souverainement équitable qui domine la matière de la vente. Le droit de rétention en est la conséquence immédiate. Il est, en effet, conforme à la plus stricte équité, que le vendeur ne se dépouille de la possession de son bien que lorsque l'acheteur est prêt, de son côté, à opérer le versement des deniers, et l'acheteur serait mal venu de réclamer l'exécution du contrat, alors que lui-même prétendrait échapper aux engagements qui le lient.

Le droit de rétention résulte, d'ailleurs, de la nature synallagmatique du contrat de vente, qui donne naissance à deux obligations corrélatives l'une de l'autre. L'acheteur pourra sans doute, le contrat étant parfait, réclamer la tradition de la chose au moyen de l'action *empti*; mais le vendeur répondra victorieusement à cette demande par l'exception *non adimpleti contractus*: « *Ideo autem hanc exceptionem prætor proposuit, ne cui dolus suus per occasionem juris civilis contra naturalem æquitatem prosit* »(L. 1, § 1, D., *De doli mali*, XLIV, IV).

La position du vendeur, dans cette hypothèse, a de l'analogie avec celle du créancier gagiste qui, lui aussi, reste en possession de l'objet jusqu'à l'acquittement de la dette. Voilà, sans doute, pourquoi les textes désignent, par l'expression *quasi pignus*, le droit de rétention (L. 13, § 8, D., *De act. empt.*, XIX, I; L. 31, § 8, *De ædil. edict.*, XXI, I). L'analogie, cependant, n'est pas complète; car, dans le gage proprement dit, le créancier n'est pas propriétaire de l'objet nanti: aussi, les lois précitées disent-elles *quasi pignus* ou *pignoris loco*.

Le droit de rétention est subordonné à la possession de la chose. Que déciderons-nous si la chose est sortie de ses mains? Nous distinguerons: S'est-il dessaisi lui-même? Le droit de rétention, son nom l'indique,

permet de retenir la chose, il n'autorise pas à la répéter (§ 30, Inst., II, I). Le vendeur ne peut donc plus
agir; mais la chose a-t-elle été enlevée ou occupée
sans son consentement? Il pourra rentrer en possession au moyen des interdits ou de l'action *furti*; et
cette action, ce n'est pas seulement contre les tiers
qu'il pourra l'exercer, mais aussi contre l'acheteur.
Cette solution résulte de la loi 14, § 1, D., *De fur-
tis*, XLVII, II, dans laquelle Julien constate, d'abord,
que l'acheteur qui se saisit de la chose, après avoir
payé son prix, n'est pas coupable de vol, puis ajoute :
« *Plane, si antequam pecuniam solveret, rem subtraxerit :
furti actione teneri, perinde ac si pignus subtraxisset.* »

Une autre condition est exigée pour que le droit de
rétention soit exercé : il faut que la vente soit pure et
simple. Il est évident que s'il a été convenu, entre les
parties, que l'acheteur aura un délai pour s'acquitter,
le vendeur ne pourra refuser la délivrance de la chose
sous prétexte de défaut de payement du prix. Il faut
assimiler à la vente pure et simple, celle dans laquelle
les deux parties jouiraient du même terme pour l'exécution de leurs obligations.

Le vendeur exercera son droit lorsqu'il sera actionné
par l'acheteur, c'est-à-dire par voie d'exception. Nous
appliquons ici la règle posée dans un cas particulier
par le § 30, II, I, aux Instilutes, et qui est ainsi conçu :
« *Certe illud constat, si in possessione constituto ædificatore,
soli dominus petat domum suam esse, nec solvat pretium*

materiæ et mercedes fabrorum, posse eum per excep-
tionem doli mali repelli, utique si bona fide fuerit pos-
sessor qui ædificaverit. »

L'action *empti* étant de bonne foi, le vendeur n'aura
pas besoin de faire insérer l'exception dans la formule,
il lui suffira de l'invoquer devant le juge qui doit suppléer les moyens fondés sur l'équité : « *In bonæ fidei*
judiciis libera potestas permitti videtur judici ex æquo et
bono æstimandi, quantum actori restitui debeat » (§ 30,
Inst., IV, VI).

Le droit de rétention présente donc un grand avantage pour le vendeur, puisqu'il n'a qu'à attendre les
poursuites de l'acheteur sans être obligé de prendre
les devants.

Ajoutons que le vendeur, tant qu'il détient la chose,
n'a pas à redouter les détériorations qui proviendraient
du fait de l'acheteur. Défendeur au procès, il n'a pas
à faire la preuve de sa propriété ; bien plus, il triomphe,
alors même que sa possession serait vicieuse, dès l'instant qu'elle ne l'est pas à l'égard de l'acheteur (L. 1,
§ 9, *Uti possid.*, D., XLIII, XVII).

Enfin, c'est un droit indivisible, en ce sens que, tant
que le prix n'a pas été payé intégralement, le vendeur
peut refuser la livraison de la chose ou d'une partie
quelconque de la chose. Ulpien le dit nettement au
Digeste dans la loi 13, § 8, *De act. empt.* : « *Offerri*
pretium ab emptore debet, cum ex empto agitur ; et ideo
si pretii partem offerat, nondum est ex empto actio. »

Il en résulte que, si plusieurs personnes ont acheté conjointement la même chose, celle d'entre elles qui a payé la portion du prix qui lui incombe, ne peut exiger la délivrance.

Il en résulte encore que, si l'acheteur est mort, laissant plusieurs héritiers, l'un d'entre eux ne peut exiger la chose, même pour partie, à moins qu'il n'ait payé la totalité du prix : « *Qui fundum ea lege emerat, ut soluta pecunia traderetur ei possessio, duobus heredibus relictis, decessit : si unus omnem pecuniam solverit, partem familiæ erciscundæ judicio servabit; nec si partem solvat, ex empto eum venditore aget ; quoniam ita contractum æs alienum dividi non potuit* » (L. 78, § 2. D., *De contrah. empt.*, XVIII, I). Inversement, si c'était le vendeur qui meurt, chacun de ses héritiers peut retenir la chose entière, tant qu'il n'a pas reçu sa part dans le prix.

ACTION EN REVENDICATION. — ACTION PUBLICIENNE

Action en revendication. — Le vendeur pouvait agir en revendication lorsqu'il avait conservé la propriété de la chose, c'est-à-dire, dans les ventes au comptant, jusqu'au payement du prix. Moins efficace que le droit de rétention, puisque la chose reste soumise aux caprices de l'acheteur, le droit de revendication n'en constituait pas moins, pour le vendeur, une garantie solide. Il n'avait pas à redouter l'insolvabilité de l'acheteur, puisque sa qualité de propriétaire lui permettait de soustraire la chose à la vente des biens du débiteur; il avait, en outre, un droit de suite, qui lui permettait de saisir l'objet vendu entre les mains de tout tiers acquéreur; et, quant aux droits réels consentis par l'acheteur sur la chose, ils étaient pour lui nuls et non avenus.

Par contre, l'acheteur se trouvait dans une situation fâcheuse. Comme il ne devenait propriétaire que du jour du payement du prix, tous les droits qu'il avait consentis jusque là étaient nuls, au lieu que le vendeur, jusqu'à cette époque, même après la tradition, pouvait conférer des droits valables; il est vrai que l'acheteur avait alors un recours contre le vendeur, mais ce recours pouvait devenir inefficace par suite de l'insolvabilité du vendeur.

A quelles conditions l'action en revendication était-elle soumise? Et d'abord, contre qui pouvait-elle s'exercer? En principe, elle compétait contre l'acheteur ou son ayant cause s'ils étaient en possession; il ne faut pas croire cependant que celui d'entre eux qui possédait pût échapper à la poursuite en cessant par dol de posséder : ils étaient réputés posséder encore : « *Semper, qui dolo fecit, quominus haberet, pro eo habendus est, ac si haberet* » (L. 157, § 1, D., *De reg. jur.*, L., XVII).

Pour triompher dans sa demande, le vendeur avait à faire la preuve de sa propriété (Inst., § 4, *De interd.*,

IV, XV). Il ne lui suffisait pas de prouver qu'un mode d'acquisition s'était réalisé à son profit; car il n'avait pu devenir propriétaire que si son auteur lui-même l'était. De là, l'obligation de prouver la propriété de son auteur, celle de l'auteur de son auteur, et ainsi de suite jusqu'à la personne sur la tête de laquelle s'était réalisé un mode d'acquisition originaire, une occupation par exemple. On conçoit les difficultés d'une telle preuve. Elles étaient simplifiées dans le cas d'une usucapion : il suffisait au vendeur de remonter jusqu'à la personne qui avait usucapé. La preuve de la propriété étant faite, le juge ordonnait au défendeur de restituer la chose. Voici, en effet, quelle était la formule de l'action en revendication : « *Si paret illum fundum A. A. esse ex jure Quiritium, neque is fundus arbitratu tuo restituatur, judex quanti ea res erit, tantam pecuniam N. N. A. A. condemna.* » L'action était donc arbitraire en ce sens que le juge, au moyen d'un *arbitrium*, ordonnait la restitution.

Si le défendeur obéissait à l'*arbitrium*, les choses se passaient très simplement : le vendeur, rentré en possession, pouvait opposer le droit de rétention à l'acheteur, à moins qu'il ne préférât exiger l'exécution du contrat, car la vente subsistait toujours.

Si le défendeur refusait d'obéir, il était condamné à une somme d'argent. Cette condamnation pécuniaire ne présentait pas une grande efficacité pour le vendeur, car l'acheteur est probablement insolvable, et le vendeur, créancier du montant de la somme, ne pourra faire valoir aucun droit de préférence à l'encontre des autres créanciers de l'acheteur.

Aussi s'est-on demandé si le vendeur, au lieu de se contenter d'une condamnation pécuniaire, ne pouvait pas triompher de la mauvaise volonté du défendeur, et se faire restituer la chose *manu militari*. La question a été fort discutée.

Avant d'aborder l'étude de cette controverse, nous ferons deux remarques :

1° Il y a des cas qui se trouvent en dehors du débat. Toutes les fois que le défendeur a usucapé la chose *inter moras litis*, et plus généralement, toutes les fois que la restitution exige une manifestation de volonté de la part du défendeur, la question ne peut pas se poser : l'exécution forcée suppose qu'il s'agit de lever un obstacle de fait.

2° La restitution *manu militari* était certainement admise à l'époque des actions de la loi (§ 48, *Com.* IV, Gaius); il en était de même sous Justinien (L. 17, C., *De fideicommis. libert*, VII, IV).

Ainsi la question ne fait doute que pour l'époque du système formulaire (1). Il nous paraît démontré qu'à cette époque aussi, le *jussus* pouvait être exécuté sur la chose *manu militari*. C'est ce qui résulte implicite-

(1) Voy. sur cette question, M. Pellat, *De la propriété et de l'usufruit;* explication de la loi 68, *De rei vind.*

ment de la loi 68, *De rei vindic.* (VI, I), dans laquelle
Ulpien s'exprime ainsi : « *Qui restituere jussus, judici
non paret, contendes non posse restituere, si quidem habeat rem, manu militari, officio judicis ab eo possessio
transfertur, et fructuum duntaxat, omnisque, causæ nomine condemnatio fit.* » Ainsi, le jurisconsulte examine
le cas où la chose se trouve en la possession du défendeur qui refuse de la restituer, et il distingue quant au
résultat produit : la chose sera enlevée par force au
défendeur qui sera absous de ce chef; les accessoires
donneront lieu à une condamnation.

Pour répondre à un texte aussi précis, on en a attaqué la pureté primitive et on a accusé Tribonien de
l'avoir altéré. Ulpien n'aurait parlé que d'une condamnation pécuniaire que Tribonien aurait remplacée par
une exécution *manu militari*, pour mettre cette décision d'accord avec le droit de Justinien. Cette interprétation s'appuie sur des textes qui décident que le refus
de restituer du défendeur aura pour résultat de le faire
condamner à une forte somme fixée par le demandeur
(§ 163, *Com.* IV, Gaius ; L. 16, § 3, D., *De pign. et
hyp.*; L. 7, D., *De fidej.*). Qu'est-ce, dit-on, que cette
forte somme à laquelle est condamné le défendeur,
magno condemnatus? C'est la valeur de la chose estimée
par le demandeur qui est naturellement porté à l'exagérer. Que signifierait cette sanction aussi sévère, si le
vendeur avait un moyen de se faire remettre en possession de la chose?

On réplique à cette argumentation que l'interpolation de Tribonien n'est rien moins que prouvée. D'abord, s'il a voulu remanier le texte, il aurait, en le faisant, commis une grave erreur ; en effet, à l'époque où il écrivait, l'intervention de la force armée était prohibée dans les affaires privées.

Ulpien, d'ailleurs, connaissait l'expression *manus militaris*, car on la retrouve dans une autre loi du jurisconsulte, la loi 3, D., *Ne vis fiat*, (XLIII, IV).

Quant aux textes qu'on nous oppose, il n'est pas difficile de les concilier avec la loi 68 : celle-ci parle d'exécution forcée, les autres de condamnation pécuniaire ; il est légitime d'en conclure que les deux moyens s'ouvraient au revendiquant, et qu'il choisissait ; en effet, les textes invoqués par nos adversaires ne renferment aucune expression exclusive.

Et maintenant, si nous laissons les textes de côté, l'iniquité à laquelle on arrive, avec la condamnation pécuniaire, nous apparaîtra clairement. L'acheteur se trouve le plus souvent dans l'impossibilité de payer, il a donc un moyen de rendre vaine la victoire du vendeur : il refusera de restituer la chose et sera condamné à payer une somme qu'il ne payera pas.

Mais, dit-on dans l'opinion adverse, la somme à laquelle il sera condamné doit être fixée par le demandeur, et elle le sera bien certainement avec exagération ; il y a donc là pour l'acheteur un stimulant puissant.

Nous répondons d'abord que le demandeur avant de fixer le quantum de la condamnation devait s'engager par un *juramentum in litem* à ne pas excéder le montant de ce qui lui est dû. Qu'importe d'ailleurs à l'acheteur que la condamnation soit forte ou faible, puisqu'il est sûr de ne pas payer.

On peut donc dire, que refuser au vendeur le droit de se faire restituer la chose *manu militari*, ce serait bien souvent lui refuser justice.

Action publicienne. — La revendication était souvent refusée au vendeur. Ainsi, le vendeur pouvait ne pas avoir les moyens d'établir son droit de propriété, et cela arrivait toutes les fois qu'il avait reçu la chose *a non domino*, ou qu'elle était pour lui seulement *in bonis*, s'il n'avait pas possédé assez longtemps pour obtenir le bénéfice de l'usucapion. Dans ces conditions, le préteur lui accordait l'action publicienne dont voici la formule : « *Si quem hominem A. A. emit, et is traditus est, anno possedisset, tum si eum hominem de quo agietur, ejus ex jure quiritium esse oporteret. . .* » (Gaius, *Com.* IV, § 36).

Il résulte de cette formule que la publicienne était fondée sur une fiction : on supposait consommée une usucapion seulement commencée. Aussi fallait-il que le vendeur réunît toutes les conditions de l'usucapion, sauf la durée de la possession ; il devait donc avoir été de bonne foi, et prouver qu'il possédait en vertu d'une

justa causa, c'est-à-dire, d'une cause légitime d'acquisition telle qu'une vente ou une donation.

La preuve était donc bien simplifiée, ce qui explique que les propriétaires *ex jure Quiritium*, préféraient
dans certains cas intenter la publicienne plutôt que la
revendication.

Dans l'une ou l'autre action, s'il arrivait que l'acheteur opposât l'exception *rei venditæ et traditæ* au vendeur, celui-ci la repoussait au moyen de la réplique de
dol.

DE L'HYPOTHÈQUE. — DU GAGE

Avant d'aborder l'étude de ces garanties qui déri-
vaient de la convention, nous devons rechercher si le
vendeur jouissait à Rome d'un droit de privilège. Il faut
distinguer l'hypothèque privilégiée qui permettait au
créancier de primer les créanciers hypothécaires
même antérieurs : c'est le privilège de notre droit ; et
le *privilegium inter personales actiones* qui n'était opposable qu'aux créanciers chirographaires.

Le vendeur n'avait pas d'hypothèque privilégiée :
on lui refusait cette garantie qui de nos jours protège
d'une manière si efficace son droit au payement du
prix. Nous trouvons toutefois un privilège dans un cas
spécial qui est indiqué par la loi 7, C., *Qui potior*
(VIII, XVII) : « *Licet iisdem pignoribus multis creditori-*

*bus diversis temporibus datis priores habeantur potiores,
tamen eum, cujus pecunia prædium comparatum proba-
tur, quod ei pignori esse specialiter obligatum convenit,
omnibus anteferri juris auctoritate declaratur.* » Voici
l'espèce: Un tiers prête à un acheteur l'argent dont
celui-ci a besoin pour payer un bien, pourvu que la
chose lui soit hypothéquée. Cette hypothèque établie
d'un commun accord emportait droit de préférence sur
tous les créanciers de l'acheteur: c'était donc un
privilège.

Justinien étendit cette disposition aux *argentarii* et
décida que lorsqu'un *argentarius* aurait prêté à un
acheteur l'argent qui lui était nécessaire pour faire un
achat, il aurait, de plein droit, privilège sur la chose
(Nov. 136, chap. III). Mais ces hypothèses visent non
pas le vendeur mais le prêteur de deniers.

Si le vendeur n'avait pas d'hypothèque privilégiée,
n'avait-il pas au moins un *privilegium inter personales
actiones*?

Loyseau l'a prétendu (*Traité des offices*, Liv. III,
chap. VIII, n⁰ˢ 15, 16, 46, 67). « Il n'y a nul doute,
dit-il, que celui qui a vendu ne soit préféré pour son
prix: car ce privilège est reconnu en droit romain,
particulièrement en la milice. » Ainsi les Novelles
97 et 53 accordent une hypothèque tacite et privilégiée
à celui qui a prêté de l'argent *ad militiam emendam*.
De même la loi 34, D., *De reb. auctor. judic.*(XLII, V)
attache un privilège à toute créance née à l'occasion

d'un navire et en particulier à la créance en payement du prix du vendeur : « *Quod quis navis fabricandæ, vel emendæ, vel armandæ, vel instruendæ causa, vel quoquo modo crediderit, vel ob navem venditam petat, habet privilegium post fiscum.* » Loyseau ne fait donc que généraliser ces décisions.

La doctrine contraire ne fait plus de doute aujourd'hui : « Tant que le prix n'a pas été payé, dit Favre (Code, liv. VIII, t. VII, ch. VI), le vendeur n'est pas obligé de livrer la chose ; mais, une fois la tradition faite, s'il n'a pas eu la précaution de se faire donner une sûreté réelle, il ne peut plus recouvrer le prix que par une action personnelle. » Dolive (liv. IV, ch. X) dit également : « Le vendeur ne peut prétendre aucune hypothèque tacite sur ce qui est parti de sa main sans réserve ni condition. »

Cette opinion s'appuie sur la loi 5, § 18, D., *De tribut. act.* XIV, IV, dans laquelle Ulpien distingue nettement le vendeur à terme qui doit être payé seulement par contribution et le vendeur au comptant qui a en principe la revendication : « *Si dedi mercem meam vendendam, et exstat, videamus, ne iniquum sit, in tributum me vocari ? Et si quidem in creditum ei abii, tributio locum habebit ; enim vero si non abii, qui a res venditæ non alias desinunt, esse meæ, quamvis vendidero, nisi ære soluto vel fidejussore dato, vel alias satisfacto, dicendum erit vindicare me posse.* »

On peut d'ailleurs expliquer par un motif de faveur

facile à comprendre les lois invoquées par Loyseau.
La loi 34 est une dérogation au droit commun introduite en considération de la navigation, *propter navi-
gandi necessitudinem* (L. 1, *De exercit. act.*, D., XIV, I).
Le vendeur d'un navire avait un privilège parce que le
développement du commerce maritime intéressait au
plus haut point la prospérité de Rome. C'est ainsi
qu'au dire d'Ulpien (même loi) tout Latin qui avait cons-
truit un navire devenait citoyen romain. De même, la
faveur dont jouissait sous le Bas-Empire celui qui
prêtait des deniers *ad militiam emendam*, a sa source
dans l'intérêt qu'avaient les empereurs à voir acheter
les charges de l'armée, alors que la frontière était en
butte aux invasions des barbares.

On a donné une autre explication de la loi 34 et de
la novelle 97. La loi 34 ne s'appliquerait pas au vendeur mais à celui qui a fait des avances « *ob navem
venditam*, » c'est-à dire à l'occasion du navire vendu à
la requête des créanciers; de même la novelle 97
accorderait un privilège, non pas au vendeur, mais à
celui qui prête des deniers *ad militiam emendam*. Dans
les deux cas, si le prêteur est traité plus favorablement
c'est à cause des encouragements qu'il donne à la na·
vigation ou du service qu'il rend gratuitement.

Cette interprétation n'est pas admissible. La loi 34,
par la répétition du mot « *vel* » semble faire une énumération et accorder indistinctement le privilège à
ceux qui prêtent des deniers pour la construction d'un

navire, pour son armement, etc... au vendeur enfin. Il serait, de plus, bien singulier que les mots « *ob navem venditam* » eussent le sens qu'on leur assigne, car il en résulterait que le prêteur de deniers serait gratifié du privilège deux fois dans la même phrase : il y aurait là une redondance, ce qui est peu probable. Et d'ailleurs, pourquoi aurait-on plus mal traité le vendeur ? Si c'est par suite d'incapacité ou d'infirmités qu'il cède son navire à un plus habile, mérite-t-il d'être accusé d'avoir déserté le commerce ? Quant à la novelle 97, peut-on dire que le prêteur n'agit que dans une pensée de bienfaisance lorsqu'il stipule un intérêt de son argent ?

Il faut donc laisser cette explication de côté et nous en tenir au motif de faveur qui donne suffisamment raison de ces lois exceptionelles.

Hypothèque. — Le privilège en cas de vente n'existant pas à Rome, il s'ensuivait que le vendeur qui avait accordé des délais à l'acheteur, ou qui avait reçu des *fidejussores* se trouvait dans une situation dangereuse. Ayant abdiqué la propriété de sa chose, il n'était plus muni que de l'action personnelle *venditi*, ce qui le laissait exposé à l'insolvabilité du débiteur. Il avait bien un recours contre le *fidejussor* ; mais cette garantie était loin d'être toujours efficace puisqu'elle était personnelle.

Les ventes à terme, cependant, sont absolument nécessaires au développement du crédit. Lorsque l'objet vendu est de grande valeur, il est rare que l'acheteur ait à sa disposition les capitaux nécessaires pour acquitter immédiatement le prix; d'un autre côté, il tiendra en général à entrer en possession sans retard. Il demandera donc au vendeur la tradition actuelle de la chose en s'engageant à payer le prix à des termes successifs.

Ainsi voilà le vendeur privé de la propriété de la chose puisqu'il a suivi la foi de l'acheteur, et menacé de perdre en tout ou en partie le prix, puisqu'il n'est plus que créancier chirographaire, un privilège lui étant refusé.

Aussi les parties s'efforcèrent-elles au moyen de conventions, de suppléer à ce défaut de protection du vendeur. Des pactes furent adjoints aux ventes dans le but de laisser la propriété au vendeur ou de la restituer : tels furent les clauses de bail ou de précaire, le pacte *reservati dominii* et la *lex commissoria* ; d'autres lui conférèrent seulement un droit réel sur la chose livrée : ce furent l'hypothèque et le gage. Nos développements porteront d'abord sur les deux dernières conventions.

Le vendeur, en faisant tradition, pouvait exiger de l'acheteur une hypothèque sur la chose vendue. Il avait alors l'action hypothécaire dont les effets se rapprochaient de ceux produits par la revendication; en cas de non-payement du prix à l'échéance, il pouvait faire vendre le bien hypothéqué par préférence aux créanciers chirographaires de l'acheteur.

L'hypothèque ne pouvait être consentie que par un débiteur capable d'aliéner. De là une difficulté. D'après un sénatus-consulte de Septime-Sévère complété par une Constitution de Constantin (L. 22, C., *De admin. tut.*, VI, XXXVII) il est interdit aux tuteurs ou curateurs d'aliéner les *prædia rustica* ou *urbana* du pupille ou du mineur de vingt-cinq ans. Que faut-il donc décider à l'égard de l'hypothèque si l'acheteur est un pupille ou un mineur de vingt-cinq ans ? Le tuteur ou le curateur peuvent-ils constituer une hypothèque valable au profit du vendeur ?

Ulpien ne l'admet pas. En effet, nous sommes en présence d'une vente avec terme ; donc la propriété a été dès la tradition transférée à l'acheteur, et par conséquent dès cet instant elle s'est trouvée soumise au sénatus-consulte. « *Si minor vigintique annis emit prædia, ut quoad pretium solveret, essent pignori obligata venditori : non puto pignus valere : nam ubi dominium quæsitum est minori, cæpit non posse obligari* » (L. 1, § 4, *De reb. eor.*, D., XXVII, VIII).

Paul (L. 2, *eod.*) distingue suivant la qualité du vendeur. Est-ce le fisc ? L'intérêt public doit l'emporter ; l'hypothèque est certainement valable : « *Nec dubitatio est quin in jus pignoris salvum sit.* » Est-ce un simple particulier ? La question sera résolue en fait par l'empereur ; un rescrit est nécessaire : « *Imperiali beneficio opus est.* » Cette distinction nous semble raisonnable. Que l'intérêt public l'emporte sur l'intérêt privé, cela se comprend ; et l'on conçoit aussi, lorsque ce sont deux intérêts privés qui sont en présence, que la solution dépende de l'examen des circonstances et que l'hypothèque ne soit valable qu'en vertu d'une confirmation officielle.

Comme nous l'avons dit précédemment, le vendeur, en vertu de son droit d'hypothèque, était payé par préférence aux créanciers chirographaires de l'acheteur. Bien plus, il primait les autres créanciers hypothécaires dont le titre était postérieur au sien, par application de la règle : *Prior tempore, potior jure.* C'était lui, au contraire, qui était primé lorsqu'il n'était pas premier créancier hypothécaire ; et alors il courait des risques : il y avait donc grand intérêt pour lui à se faire constituer hypothèque le plus tôt possible.

Malgré sa diligence, cependant, il n'échappe pas à tout danger. Il peut arriver, en effet, que les biens de l'acheteur aient été affectés, antérieurement à la vente, d'une hypothèque générale. Dans cette hypothèse, le vendeur ne viendra peut-être pas en ordre utile, car le créancier à hypothèque générale peut faire porter son hypothèque sur le bien vendu (L. 2, D., *Qui potior.*, XX, IV). Ce résultat fâcheux provenait du caractère occulte de l'hypothèque en droit romain. Les droits réels n'étaient soumis à aucune condition de publicité ; ils prenaient naissance et devenaient opposables aux tiers sans que ceux-ci eussent aucun moyen de se renseigner avant de contracter. C'est ce qui arrivait pour le vendeur. Son droit pouvait donc devenir illusoire ; et on peut supposer que cette absence de système hypothécaire devait entretenir le trouble et la défiance dans les transactions commerciales.

Gage. — Cette garantie avait été offerte au vendeur non payé, antérieurement à l'hypothèque. Les parties convenaient que le vendeur conserverait la possession de la chose en qualité de créancier gagiste jusqu'au payement du prix.

Dans le dernier état du droit, le vendeur avait l'action hypothécaire comme s'il eût reçu une hypothèque. Aussi, lit-on aux Institutes (§ 7, *De act.*, IV, VI), qu'il y avait peu de différence entre ces deux conventions. L'analogie, cependant, n'était pas complète. Il est vrai que dans les deux cas l'action hypothécaire était ouverte au vendeur qui pouvait faire vendre le bien, faute de payement à l'échéance. Mais là s'arrêtait la ressemblance. C'était l'acheteur qui possédait dans le cas de pacte d'hypothèque : dans le cas de gage, la chose devait être remise aux mains du vendeur ; d'où les conséquences suivantes :

1° Le vendeur n'avait rien à craindre d'un créancier gagiste antérieur, puisque le contrat ne se formait que lorsque la chose lui était livrée.

2° Lorsqu'il n'avait pas stipulé d'intérêts, il pouvait, même sans convention d'antichrèse, percevoir les

fruits produits jusqu'à concurrence de l'intérêt légal
(L. 8, D., *In quibus caus.*, XX, 1).

3° Il était garanti contre un défaut de soins ou contre
des actes qui auraient pu amener la détérioration, sinon
la perte de la chose vendue.

4° Il pouvait enfin user des interdits, ce qui lui permettait de reprendre la chose en quelques mains qu'elle
se trouvât, et qui le dispensait d'exercer l'action hypothécaire. C'était très utile pour lui puisqu'il échappait
ainsi à la nécessité de faire la preuve souvent difficile
de sa propriété ; il n'avait même pas à prouver qu'il
avait une *justa causa possessionis* ; il lui suffisait de démontrer qu'il avait la possession *ad interdicta*, c'est-à-
dire qu'il ne possédait *nec vi*, *nec clam*, *nec precario* à
l'égard de son adversaire.

De tels avantages expliquent comment la clause de
gage resta en usage dans les ventes, même après l'ap-
parition du pacte d'hypothèque.

DU PACTE RESERVATI DOMINII

Le vendeur, au lieu d'exiger seulement un droit de
gage ou d'hypothèque sur la chose vendue pouvait,
tout en vendant à crédit, déclarer qu'il entendait conserver la propriété jusqu'au payement intégral du prix.
Cette convention prenait le nom de *pactum reservati*

dominii. La situation du vendeur était alors à peu près la même que s'il avait vendu au comptant; toutefois, la vente étant affectée d'un terme, il ne pouvait pas refuser la délivrance de la chose à l'acheteur. Ce n'est qu'au jour de l'échéance qu'il pouvait invoquer son droit de propriété, à défaut de payement du prix.

DE LA CLAUSE DE BAIL

Il était convenu que jusqu'au payement du prix, l'acheteur posséderait la chose à titre de locataire. L'acheteur n'était pas un possesseur dans le sens technique du mot, il était plutôt *in possessione*; les interdits continuaient de compéter au vendeur qui devait procurer à l'acheteur la jouissance des lieux loués et par conséquent le protéger contre les tiers (L. 9, *Pr. loc.* D.,XIX, II). Cette convention n'était, à vrai dire, qu'un louage déformé, car des deux parties, l'acheteur seul était obligé : « *Interdum locator non obligatur conductor obligatur veluti cum emptor fundum conducit donec pretium ei solvat* » (L. 20, § 2, D., *eod.*). Ainsi le vendeur redoutait-il l'insolvabilité de l'acheteur, il l'obligeait au moyen de l'action *locati* à lui restituer la chose; il lui suffisait pour cela de prouver la convention de bail. L'acheteur, au reste, pouvait mettre fin au louage et devenir propriétaire incommutable, en payant le prix et cette perspective était bien de nature à l'exciter à se libérer promptement. Jusque là, il était obligé de payer un loyer, une *merces*. Devait-il, en acquittant le prix, payer la *merces*? La bonne foi exige, dit Javolenus, que la convention soit exécutée comme les parties ont entendu qu'elle le fût; c'est donc une question d'interprétation de la volonté des parties; le loyer, d'ailleurs, n'est dû que pour le temps qui s'est écoulé avant le payement du prix (L. 21, D., *eod.*). L'acheteur devait, en outre, veiller à la conservation de la chose dont il était locataire.

L'action *locati* était très avantageuse pour le vendeur à cause de la simplicité de la preuve à fournir; mais elle présentait aussi des inconvénients : elle était personnelle, ne permettait donc pas au vendeur de reprendre la chose entre les mains des tiers auxquels l'acheteur l'aurait aliénée; d'un autre côté, comme elle n'était pas arbitraire, le vendeur était impuissant devant le refus de restituer du débiteur, puisque la restitution *manu militari* était impossible. Dans ce cas, le vendeur avait toujours la ressource de la revendication, puisqu'il était resté propriétaire.

On peut se demander quelle pouvait être l'utilité de la clause de bail en présence du pacte *reservati dominii*. Cette utilité existait à deux points de vue. Et d'abord, ainsi que nous le démontrerons plus loin, l'acheteur qui a reçu tradition de la chose est possesseur, bien qu'il n'ait pas payé le prix; il en résulte que le vendeur perdait le droit aux interdits dans le cas de pacte *reser-*

vati dominii ; au contraire, dans l'hypothèse d'un bail, il demeurait possesseur *ad interdicta*. Puis le vendeur avec pacte *reservati dominii* n'avait que deux actions : la revendication et la publicienne ; le vendeur avec clause de bail avait en outre l'action *locati* dont l'exercice, comme nous venons de le voir, était plus simple.

C'est également à cause des avantages qu'offrait l'action *locati* pour la reprise de la possession de la chose que la clause de précaire était en usage dans les ventes sans terme.

DE LA CLAUSE DE PRÉCAIRE

Lorsque la clause de précaire était insérée dans le contrat, l'acheteur acquérait la jouissance de la chose ; mais ce n'était de la part du vendeur qu'une concession qu'il pouvait révoquer à son gré (L. 1, D., *De prec.*, XLIII, XXVI).

L'acheteur possédait (L. 15, § 4, *eod.*), chose remarquable puisque son titre impliquait reconnaissance du droit du vendeur concédant. On expliquait cette dérogation aux principes en disant que les avantages de la possession étaient partagés. Le concédant reste possesseur en ce sens qu'il conserve l'*animus domini*, mais il est privé de l'avantage des interdits à l'égard de toute personne, sauf le précariste. Celui-ci, de son côté, a la détention de la chose, le *corpus*; mais il n'a pas l'*animus* qu'il emprunte au concédant, ce qui lui permet d'opposer les interdits aux tiers.

C'était donc l'acheteur qui, en réalité, avait les avantages de la possession. Mais sa possession était vicieuse à l'égard du vendeur qui reprenait la chose, quand il le voulait. Comme dans le cas du bail, d'ailleurs, l'acheteur en payant le prix acquérait la propriété et la possession d'une manière incommutable (L. 45, *De reg. jur.*, L, XVII).

Le précaire n'étant pas un contrat, à l'origine; le vendeur avait seulement la ressource de la revendication ou de la publicienne contre l'acheteur. Lorsque la possession fut protégée, il eut les interdits *retinendæ possessionis, utrubi et uti possidetis*. Plus tard, le préteur accorda au concédant l'interdit *de precario* : les difficultés de la preuve se trouvèrent alors simplifiées pour le vendeur qui n'avait plus qu'à démontrer l'existence de la clause de précaire pour rentrer en possession du bien livré. L'interdit *de precario* avait cette avantage sur les interdits *retinendæ possessionis* qu'il atteignait le précariste même lorsqu'il avait perdu la possession, s'il avait cessé de posséder par dol (L. 8, § 3, *eod.*).

Le précaire finit par prendre place parmi les contrats innomés. Il y avait eu, comme le dit M. Machelard (*Interdits*), dation dans le but d'obtenir dation en retour, « *datio possessionis ut vicissim eadem*

possessio alterius daretur. » Aussi les Proculéiens don-
nèrent-ils au précariste l'action *præscriptis verbis*;
quant aux Sabiniens, ils durent, suivant leur habitude,
élargir la sphère des actions anciennes.

Le vendeur, dans le dernier état du droit, pouvait
donc agir par l'action *præscriptis verbis* ou l'action *venditi.* Pour réussir dans l'action *venditi* il n'avait qu'à
prouver que la clause de précaire avait été insérée
dans la vente ce qui devait la faire préférer souvent à
la revendication. L'action *venditi* avait aussi une supé-
riorité sur l'interdit *de precario* : lorsque c'était l'interdit qui était intenté, la responsabilité de l'acheteur
était appréciée avec indulgence : il ne devait compte
que de son dol (**L. 2**, pr., *eod.*); avec l'action le vendeur obtenait la réparation du dommage causé par la
faute de l'acheteur suivant les règles du contrat de
vente (M. Machelard, *op. cit.*).

Lorsqu'une chose était vendue à précaire, la propriété demeurait au vendeur; mais il en était de même
lorsque la vente avait été accompagnée d'un pacte *reservati dominii.* On est ainsi conduit à rechercher quels
étaient les avantages particuliers au précaire pour
pouvoir expliquer sa raison d'être. Ce point se rattache
à une question plus générale que nous allons examiner
et qu'on exprime ainsi : L'acheteur qui avait reçu tradition de la chose sans terme, et qui n'en avait pas
encore payé le prix, était-il possesseur *ad interdicta*, ou
simplement détenteur de la chose? On voit le lien qui

unit les deux questions : si la tradition transfère à l'a-
cheteur une véritable possession, le vendeur aura un
intérêt véritable à faire insérer la clause de précaire,
puisque la possession de l'acheteur ne lui sera plus
opposable ; si, au contraire, il n'avait pas perdu la possession en faisant tradition, le précaire perd à peu près
toute son utilité pour lui.

Des auteurs ont soutenu que le vendeur restait possesseur (M. Machelard, *Interdits*, p. 266). Pourquoi,
dit-il, le précaire était-il employé si fréquemment à
Rome ? C'est qu'il attribuait à l'acheteur la possession
ad interdicta. Dans les termes du droit commun, il était
simple détenteur, ce qui l'obligeait, en cas de trouble,
à appeler le vendeur à son aide. On comprend que
cette situation était fâcheuse pour les parties ; que le
vendeur préférât échapper à la nécessité de défendre
l'acheteur s'il était attaqué ; que l'acheteur, de son
côté, préférât repousser lui-même les tentatives des
tiers. De là, l'utilité du précaire qui procurait au précariste le bénéfice des interdits relatifs à la chose livrée. En un mot, si l'acheteur possède, lorsqu'il tient
la chose à titre de précaire, c'est qu'en dehors de ce
cas il ne possède pas.

On ajoute que cette solution s'explique juridique-
ment. Analysons en effet l'acte qui est intervenu. Une
tradition a été faite par le vendeur à l'acheteur sous la
condition que le prix serait payé : cette tradition étant
conditionnelle, les effets qu'elle produit, transport de

propriété et transport de possession resteront en suspens tant que la condition ne sera pas réalisée ; jusqu'à ce moment la possession comme la propriété resteront sur la tête du vendeur.

Telle est bien d'ailleurs l'intention des parties. On ne peut pas vraisemblablement supposer que le vendeur ait entendu se dépouiller de la possession avant d'avoir été payé ; et quant à l'acheteur il n'a pas l'*animus domini*, cela résulte de son titre de précariste ; s'il se croyait propriétaire bien que n'ayant pas payé le prix, il commettrait une grossière erreur de droit qu'on ne doit pas supposer.

Nous n'admettons pas cette opinion, et nous croyons, suivant ici la doctrine enseignée par MM. Bufnoir (*Théorie de la condition en droit romain*, p. 291 et suiv.), Accarias (*Précis de droit romain*, I, n° 230, note 5) et Demangeat (*Cours de droit romain*, I, p. 471), que l'acheteur dès que la tradition s'était opérée à son profit, n'était pas seulement détenteur de la chose mais encore possesseur *ad interdicta*. Comme M. Machelard, nous invoquerons l'usage si fréquent du précaire. Nous pensons seulement qu'il s'expliquait par les avantages qu'il procurait au vendeur en lui permettant de reprendre la chose au moyen de l'interdit *de precario*. En l'absence de cette clause, le vendeur, par l'effet de la tradition, perdait complètement la possession, non seulement à l'encontre des tiers, mais même à l'encontre de l'acheteur. C'est pour remédier à cet état

de choses dangereux pour le vendeur, c'est pour restreindre à son profit la possession de l'acheteur, que
la clause de précaire intervenait : la clause n'avait pas
pour but unique l'intérêt de l'acheteur, mais surtout
l'intérêt du vendeur : voilà pourquoi elle accompagnait
un aussi grand nombre de ventes.

Notre opinion s'appuie sur un texte formel, le § 41,
De divis. rer. aux Institutes (II, I) : « *Venditæ vero res
et traditæ, non aliter emptori adquiruntur, quam si venditori pretium solverit vel alio modo ei satisfecerit, veluti
expromissore aut pignore dato.* » Ce texte peut être dé-
composé en deux parties : les quatre premiers mots
parlent de la tradition de la chose vendue ; le reste du
paragraphe s'occupe du transport de la propriété ; la
propriété n'est transmise, dit Justinien, que sous la
condition de payement du prix ou d'une satisfaction
équivalente ; les premiers mots n'ont donc trait qu'à la
possession, et comme ils parlent d'une tradition pure
et simple, nous devons dire que la possession est transférée purement et simplement à l'acheteur ; « ce qui
est conditionnel, c'est seulement l'effet translatif de la
propriété. »

Ce texte nous permet de répondre à un argument de
nos adversaires. M. Machelard semble supposer que
les effets de la tradition sont intimement liés, de telle
sorte que la même condition qui affecterait les uns devrait nécessairement affecter les autres. S'il en était
ainsi, l'acheteur, dont la propriété est affectée de la

condition du payement, ne pourrait être jusqu'à ce moment que possesseur conditionnel. — Le § 41 dément absolument cette idée, puisqu'il nous montre la possession pure et simple, alors que la propriété est conditionnelle. On peut ajouter, avec M. Bufnoir, que cette connexité, prétendue dans les effets de la tradition, n'existe pas, et qu'on peut se réserver la propriété d'une chose dont on transmet la possession : le *pignus* en est la preuve. Les effets étant distincts, il faut bien admettre que les parties ont pu transférer la possession purement et simplement, et la propriété conditionnellement.

On nous oppose la volonté des parties. Mais je demande d'abord s'il n'est pas naturel de supposer que le vendeur a entendu se décharger sur l'acheteur du soin de surveiller la chose, de la protéger contre les attaques des tiers, et d'éviter les recours incessants auxquels il serait exposé, s'il conservait la jouissance des interdits. Quant à l'acheteur, il me paraît difficile d'admettre qu'il n'a pas eu l'intention d'acquérir la possession pour son propre compte, en recevant la chose : lui refuser la possession serait l'assimiler à un preneur à bail ou à un dépositaire, et je ne crois pas qu'il ait dû donner aux droits qu'il acquérait une portée aussi restreinte.

Nous devons mentionner en terminant un argument qu'on invoque quelquefois en faveur de notre système, mais qui ne nous paraît pas concluant. Il est tiré du rapprochement des lois 7, § 17, et 8, *De public. in rem act.* (VI, 2). Dans la première, Ulpien recherche à quelles conditions l'usucapion et la publicienne seront possibles en matière de vente; et dans la deuxième, Gaius se demande s'il ne faut pas, en outre, que le prix ait été payé; il s'exprime ainsi : « *De pretio vero soluto nihil exprimitur; unde potest conjectura capi, quasi nec sententia prætoris ea sit, ut requiratur an solutum sit pretium.* » « L'édit ne parle pas de prix payé; d'où l'on peut tirer la conjecture que la pensée du préteur ne serait pas qu'on doive examiner si le prix a été payé. » On serait tenté de dire, en prenant les paroles de Gaius pour une affirmation de sa part : si le payement du prix n'est pas nécessaire pour posséder *ad usucapionem*, pourquoi serait-elle nécessaire pour posséder *ad interdicta?*

A cela, M. Pellat répond avec raison (*De la propr.*, p. 522) que Gaius, dans la loi 8, n'affirme pas, qu'il ne fait qu'émettre une conjecture : on ne peut donc l'invoquer pour dire que le payement du prix n'était pas nécessaire pour arriver à l'usucapion ou intenter la publicienne : dès lors le raisonnement tombe faute de base.

Mais M. Pellat conclut par ces mots : « Sans doute, le payement du prix est sans influence sur le transport de la possession; mais, pour l'usucapion..., il faut avoir cru devenir propriétaire. » Cet aveu est précieux. Sans doute, la loi 8 ne démontre pas que la publicienne et l'usucapion soient possibles, si le prix n'a pas été payé : il nous importe peu. Ce que nous prétendons et ce que M. Pellat admet, c'est que le payement du prix n'est pas nécessaire au transport de la possession : il ne faut pas, en effet, confondre la possession *ad usucapionem* avec la possession *ad interdicta* : celui qui veut intenter les interdits n'a qu'à prouver qu'il détient la chose « *cum animo rem sibi habendi, nec vi, nec clam, nec precario ab adversario* » (*Com.* IV, Gaius, §§ 150 et 151).

En résumé, l'acheteur est possesseur, nous croyons l'avoir démontré. Remontant maintenant à la question que nous avions posée au début de cette controverse, nous dirons que le précaire avait un grand avantage sur le pacte *reservati dominii*, en ce qu'il permettait au vendeur de retenir la possession de la chose et de la recouvrer à volonté entre les mains de l'acheteur.

Le précaire avait aussi sur le bail l'avantage de permettre au vendeur de rentrer en possession lorsqu'il le voulait : l'acheteur aussi était mieux traité, puisqu'il possédait à l'égard des tiers.

C'est également parce qu'elle facilitait la reprise de la chose que la clause de précaire était en usage dans les ventes sans terme.

LEX COMMISSORIA

Il n'y avait pas à Rome de pacte commissoire tacite. Le vendeur, malgré la mauvaise volonté de l'acheteur ne pouvait pas demander la résolution du contrat; il n'avait que le droit d'en poursuivre l'exécution, c'est-à-dire de demander le payement du prix. Cette solution doit paraître singulière, surtout lorsque l'on songe que la vente étant un contrat de bonne foi, l'équité devait présider aux rapports des parties entre elles : or, n'est-il pas profondément équitable que l'acheteur qui ne paye pas soit obligé de restituer la somme qu'il a reçue; c'est ainsi que les choses se passaient dans le cas de contrats innomés. Le principe n'en était pas moins certain et résulte *a contrario* de la loi VI, C., *De act. empt.* (IV, XLIX) : « *Venditi actio si non ab initio aliud convenit, non facile ad rescindendam perfectam venditionem, sed ad pretium exigendum competit.* » C'est donc rarement, *non facile*, que l'actio *venditi* aura pour objet la résolution de la vente dans le silence de la convention.

Il pouvait en résulter pour le vendeur un grave préjudice, lorsqu'en présence de la négligence de l'acheteur, un autre acheteur se présentait avec des conditions plus avantageuses. Le vendeur ne pouvait agréer ces nouvelles offres puisque le contrat subsistait tou-

jours et qu'il restait tenu envers son acheteur. L'incon-
vénient, à vrai dire, n'était pas sans remède dans les
ventes au comptant. Supposons que l'acheteur agisse
en délivrance, bien que n'étant pas prêt à payer le prix:
il sera repoussé par l'exception de dol. Dès ce moment,
le vendeur redevient libre de disposer de sa chose au
profit d'une autre personne, car si l'acheteur ayant
trouvé des fonds se présente à nouveau et intente l'action *empti*, le vendeur triomphera au moyen de l'exception *rei judicatæ* ; le vendeur arrivait ainsi indirectement à la résolution de la vente qu'il n'avait pas stipulée.

Mais dans les ventes à terme, le danger ne pouvait
être conjuré. Aussi les vendeurs avaient-ils pris l'habitude d'insérer dans leur contrat une *lex commissoria*,
d'après laquelle la vente était résolue si le prix n'é-
tait pas payé dans un certain délai. Cette clause acquit
une grande importance dans la pratique ; les jurisconsultes s'en occupèrent : le titre III du livre XVIII lui est
consacré au Digeste.

Nous diviserons notre étude sur la *lex commissoria*
en trois chapitres :

Chapitre Ier· Nature de la *lex commissoria*.

Chapitre II. Accomplissement ou inaccomplissement
de la *lex commissoria*.

Chapitre III. Effets de l'accomplissement ou de
l'inaccomplissement de la *lex commissoria*.

CHAPITRE PREMIER

NATURE DE LA LEX COMMISSORIA

Que signifie l'expression « *lex commissoria* ? » Sur le mot *lex*, tout le monde est d'accord ; c'est une convention : « *Lex dicitur*, dit Donneau (*De leg. com.*, X, IX) *ut significetur conventio et pactum adjectum emptioni.* » Le mot « *commissoria* » a un sens moins certain. D'après Donneau, « *committit* » signifie retransfère la propriété de l'acheteur au vendeur « *tanquam in manum ei tradit.* » Noodt (*De leg. com.*), s'emparant de la rubrique « *De publicanis et vectigalibus et commissis* » au Digeste, déduit de ce dernier mot une assimilation entre l'acheteur et celui qui a fraudé les droits du fisc, de telle sorte que, la condition se réalisant, l'acheteur perd la propriété de la chose « *res empta ad venditorem reverteretur.* » Nous croyons, quant à nous, que comme la *lex commissoria* a une grande affinité avec la clause pénale, de même que « *pœna committitur* » signifie la clause est encourue, de même « *lex committitur* » veut dire « la résolution est encourue. » La *lex commissoria* est donc un pacte qui fait encourir la résolution.

La *lex commissoria*, nous l'avons déjà dit, est un pacte par lequel il est convenu que la vente sera résolue si le prix n'est pas payé à une certaine époque fixée par les parties : « *Si ad diem pecunia soluta non sit, ut fundus inemptus sit* » (L. 2, *De leg. com.*). Reprenons les éléments de cette définition.

1° C'est un pacte. Dans quels termes doit-il être exprimé? Nous venons de citer une formule, notre titre en donne deux autres : « *ut nisi intra certum tempus pretium solutum non sit, res inempta sit* » (L. 5) « *ut nisi intra certum diem pretium sit exsolutum, inemptus fieret.* » Lauterbach (*in Pand. de leg. com.*) fournit encore d'autres exemples; il ajoute que la convention doit être exprimée en termes formels « *verbis directis* » et que des paroles ambiguës « *obliqua verba* » seraient insuffisantes. Nous ne pouvons nous rendre à une pareille exigence que Lauterbach est seul, ce nous semble, à formuler. Les pactes sont d'origine prétorienne, et les préteurs les ont créés dans le but de corriger le formalisme exagéré du droit civil : il serait singulier qu'ils aient entouré la *lex commissoria* de difficultés semblables.

2° C'est un pacte ajouté à la vente. La vente étant un contrat de bonne foi, nous appliquerons les règles relatives aux pactes adjoints aux contrats de bonne foi et nous dirons :

La *lex commissoria* est-elle ajoutée *in continenti*, elle fait corps avec le contrat « *inest contractui* » (L. 7, § 5, *De pact.*, D., II, XIV). Elle emprunte au contrat son action, lui donne sa forme, son étendue « *format actionem.* » Le vendeur demandera donc la résolution au moyen de l'action *venditi*. (Nous verrons au chapitre III qu'il y eût longtemps controverse sur ce point).

La *lex* est-elle ajoutée *ex intervallo*, nous distinguerons : Si la *lex* est insérée *rebus adhuc integris*, c'est-à-dire avant toute exécution, comme la vente est un contrat consensuel, le vendeur aura encore l'action *venditi*. En effet, un élément essentiel de la vente a été modifié puisque les parties, en introduisant ce pacte ont eu en vue la résolution du contrat; on est en présence de deux ventes dont l'une dissout l'autre en produisant de nouvelles obligations : le vendeur aura donc encore l'action *empti*. Si la *lex commissoria* avait reçu un commencement d'exécution, par exemple si la chose avait été livrée, le pacte ne pourra plus engendrer d'action ; il ne vaut qu'*exceptionis ope* car « *ex pacto actio non oritur* » (L. 7, § 5, *De pact.*, D.,II, XIV. Le vendeur n'a donc plus qu'une exception, et pour en apercevoir l'utilité, il faut supposer que l'acheteur a restitué la chose livrée. Il se repent ensuite et intente l'action *empti* à l'effet de recouvrer la chose ; le vendeur le repoussera par l'exception *pacti conventi* qui est sous-entendue dans les contrats de bonne foi (L. 72, *De contrah. empt.*, D.,XVIII, II).

3° Ce pacte a pour objet la résolution de la vente. Ne peut-il pas aussi être apposé à la vente sous la forme de condition suspensive? Cette question a divisé les interprètes.

L'affirmative semble évidente *a priori*. La vente est

un contrat de bonne foi, ce qui veut dire que les parties
y jouissent d'une grande latitude, relativement aux
clauses qu'elles y insèrent. Pourquoi ne pourraient-
elles pas soumettre la vente à une condition suspensive, aussi bien qu'à une condition résolutoire?

A cela, Lauterbach (op. cit.) répond que, sans doute,
les parties peuvent contracter en ces termes : « *Hic
fundus tibi sit emptus, si intra mensem pretium solveris.* »
Mais, alors, la vente est seulement conditionnelle; il
ne peut plus être question de *lex commissoria.* La *lex*,
en effet, implique une aliénation suivie, en cas d'inexécution par l'acheteur, d'une révocation au profit du
vendeur. Et Favre (*Ration. ad leg.* 1, *De lege com.*) dit,
plus brièvement : « *Quæ porro inempta fieri non potest
quin prius empta fuerit.* » Nous n'avons pas besoin de
répondre à cet argument, qui repose sur une définition de la *lex commissoria*, que nous n'avons pas
admise.

Une raison plus sérieuse est fondée sur le rapprochement de la loi 2, pr., D., *De in diem addict.*
(XVIII, II), et de la loi 1, *De lege com.* La première est
ainsi conçue : « *Quoties fundus in diem addicitur,
utrum pura emptio est, sed sub conditione resolvitur, an
vero conditionalis sit magis emptio, quæstionis est? Et
mihi videtur verius interesse quid actum sit...;* » et la
deuxième, ainsi : « *Si fundus commissoria lege venierit,
magis est, ut sub conditione resolvi emptio, quam sub
conditione contrahi videtur.* » Ainsi, s'agit-il d'une *ad-*

dictio in diem, pour savoir si la vente est sous condition suspensive ou sous condition résolutoire, il faut consulter l'intention des parties, dit Ulpien; s'agit-il d'une *lex commissoria,* plus de doute possible, la vente est sous condition résolutoire.

On peut répondre que les deux lois ont voulu exprimer la même idée; la première, avec plus de détails; la deuxième, plus laconiquement. La loi 2, *De in diem add.,* admet la condition suspensive, mais il n'est pas exact de dire que la loi 1, *De leg. com.,* la repousse. Dans cette loi 1, les parties, n'ayant pas précisé leurs intentions, dans le doute, on interprétera leur volonté, en disant qu'elles ont entendu faire une vente sous condition résolutoire. Mais on ne devrait pas interpréter leurs intentions, si elles résultaient clairement des paroles prononcées ou de l'*instrumentum* dressé : on n'interprète que ce qui est obscur. L'expression, « *magis est,* » corrobore, d'ailleurs, cette manière de voir, et, pour quiconque n'est pas prévenu, elle signifie, vraisemblablement, non pas « il faut dire, » mais bien « il vaut mieux décider dans le doute. »

L'opinion adverse, reprennent nos adversaires, est une violation des principes; reconnaître aux parties le droit de subordonner l'existence de la vente au payement par l'acheteur, n'est-ce pas sanctionner un contrat sous condition potestative? Or, la loi 7, pr., D., *De contrah. empt.* (XVIII, 1), prohibe un tel contrat. — De plus, comment admettre que le vendeur puisse se trouver à la discrétion de l'acheteur, alors que les textes représentent la *lex commissoria* comme une faveur pour le vendeur?

L'argument tiré de la loi 7 n'est pas convaincant. Cette loi, en effet, peut s'expliquer sans qu'il soit besoin de supposer que le contrat tout entier est résolu. Elle peut signifier que la vente est nulle, quant à celui qui s'oblige sous condition potestative, sans que l'obligation de l'autre partie cesse de valoir. Il n'est pas exact, d'ailleurs, de soutenir que les ventes sous condition potestative sont nulles. Les Institutes, dans le § 4 (III, XXIII), citent, en effet, la vente à l'essai, dans laquelle l'acheteur est déjà obligé alors que le vendeur ne l'est pas encore. Il ne faut donc pas nous opposer les principes (M. Bufnoir, op. cit., p. 121). — Ajoutons qu'il n'est pas exact de considérer l'acheteur comme étant le maître du contrat. Ce serait méconnaître les effets de la *lex commissoria*. A l'arrivée du terme fixé pour le payement, le vendeur a le choix : il peut considérer le contrat comme résolu ou le maintenir. Si donc il a intérêt à ne pas se prévaloir de la *lex commissoria*, notamment si la chose a diminué de valeur, il poursuivra l'acheteur en payement du prix au moyen de l'action *venditi*.

Laissant de côté les raisons données par nos adversaires, nous pouvons invoquer deux textes à l'appui de notre opinion : la loi 1, *De leg. com.*, que nous avons déjà rencontrée, et la loi **2**, § 3, *Pro empt.*, D., XLI, IV, qui est ainsi conçue : « *Sabinus ait, si sic empta sit, ut nisi pecunia intra diem certum soluta esset, inempta res fieret, non usucapturum nisi persoluta pecunia.* » Pour comprendre ce texte, il faut rappeler que, lorsque la vente est soumise à une condition résolutoire, l'usucapion devient possible pour l'acheteur, du jour de la tradition (L. 2, § 1, *De in diem add.*). Sabinus, dans la loi 2, § 3, supposant une vente affectée d'un pacte commissoire, déclare que l'usucapion est impossible : il faut donc en conclure que cette vente est sous condition suspensive. On a prétendu, il est vrai, qu'il s'agissait ici d'une vente à précaire : ce qui expliquerait que l'acheteur ne peut usucaper, mais on ne l'a pas démontré. Voyons, au reste, la fin du texte : « *Sed videamus, utrum conditio sit hoc, an conventio? Si conventio est, magis resolvetur quam implebitur.* » Paul, après avoir rapporté l'opinion de Sabinus, la trouve trop générale. Il faudra voir, dit-il, si la vente est pure et simple ou conditionnelle. Si elle est pure et simple, « *si conventio est,* » il vaut mieux penser que la vente sera résolue, en cas de non-payement, que dire qu'elle ne prendra pas naissance si le prix n'est pas payé. Ainsi, Sabinus s'était bien placé, dans le cas d'une vente sous *lex commissoria* suspensive, puisque Paul décide que la condition pourrait également être résolutoire. Aussi bien, ne fait-il qu'exprimer l'idée qu'Ulpien énonce de son côté dans la loi 1, *De leg. com.*

La *lex commissoria* pouvait donc prendre la forme

d'une condition résolutoire ou d'une condition suspensive. Elle pouvait aussi être faite purement et simplement ou à terme.

Nous terminerons ce chapitre par deux remarques : 1° La *lex commissoria* était ajoutée souvent aux ventes sans terme ; nous avons vu les inconvénients qu'il y avait pour le vendeur à être obligé de conserver la chose, sans pouvoir accepter de nouvelles offres, alors que l'acheteur était dans l'impossibilité de payer le prix ; et nous avons observé que le vendeur avait dans l'exception *rei judicatæ* un moyen d'y échapper. Il était plus simple et plus direct de faire insérer une *lex commissoria* dans la vente : l'acheteur ne payant pas, la vente était résolue, et le vendeur n'étant plus lié pouvait traiter avec un autre acheteur.

2° La *lex commissoria* pouvait être ajoutée à d'autres contrats qu'à la vente. De plus, en matière de gage, on trouve une *lex commissoria*, mais avec une signification différente : le débiteur mancipait l'objet donné en gage au créancier qui devait le rémanciper au moment du payement. Faute de payement à l'échéance, le créancier en devenait propriétaire. Cette clause était désastreuse pour les débiteurs : Constantin en prohiba l'usage (L. 3, C., *De pact. pign.*, VIII, XXXI).

CHAPITRE II

ACCOMPLISSEMENT OU NON ACCOMPLISSEMENT DÈ LA LEX COMMISSORIA

La *lex commissoria* pouvait être insérée avec un terme, ou sans terme. Il est vrai que tous les textes qui en parlent au Digeste supposent l'adjonction d'un terme : mais il n'en résulte pas que le terme fût de l'essence de ce pacte ; et comme aucun motif de droit ne s'oppose à l'insertion dans la vente d'une pareille clause, nous devons en admettre la validité. Il faut donc rechercher successivement pour les deux hypothèses à quelles conditions la vente pourra être considérée comme résolue.

PREMIER CAS. — *Un terme a été fixé pour le payement.* — Quand peut-on dire que le pacte commissoire est accompli, que la *lex* est « *commissa* ? » Il faut pour cela : 1° Que le délai tout entier soit écoulé ; 2° que le prix n'ait pas été payé intégralement ; 3° que le défaut de payement provienne de la négligence du débiteur, et non pas du fait ou de la faute du créancier.

1° L'acheteur n'est déchu que lorsque le délai tout entier est écoulé. Il serait contraire à la commune intention des parties que le vendeur, qui a accordé un terme à l'acheteur, demandât la résolution au mépris de cette convention.

La seule négligence de l'acheteur suffisait pour faire accomplir la *lex commissoria* : aucune sommation n'était nécessaire. Cette solution est trop strictement conforme à la convention pour donner prise à une critique. Nous voyons cependant que c'est après quelques hésitations qu'on admit la déchéance de l'acheteur par la seule expiration du terme : « *Marcellus, libro XX; dubitat, commissoria utrum tunc locum habet, si interpellatus non solvat, an vero si non obtulerit? Et magis arbitror offerre eum debere, si vult se legis commissoriæ potestate solvere* (L. 2, § 4, *h. tit.*). Ulpien est plus affirmatif que Marcellus, et avec raison. La *lex commissoria* en effet a un caractère pénal pour l'acheteur : or la loi 12, C., *De contrah. et committ. stipul.* (VIII, XXXVIII) décide que les clauses pénales sont encourues par suite de l'expiration du délai pris pour l'exécution : le débiteur ne doit pas oublier la promesse qu'il a faite, ce n'est pas au créancier à la lui rappeler. Telle est l'idée qu'on exprime habituellement ainsi : *Dies interpellat pro homine.*

Ainsi l'acheteur est mis en demeure par la seule expiration du terme. A partir de ce moment il est en faute et d'un autre côté le vendeur a un droit acquis en vertu duquel il peut opter entre la résolution ou l'exécution du contrat; l'acheteur ne peut donc plus payer. Des interprètes ont admis qu'il pouvait purger sa demeure, et que par conséquent le vendeur devait se hâter d'opter pour l'empêcher de prendre les devants et de payer. Ils argumentent de la loi 4, § 2, *De lege com.*, ainsi conçue : *Eleganter Papinianus, lib. III, Responsorum scribit, statim atque commissa lex es*, *statuere venditorem debere, utrum commissoriam velit exercere, an potius pretium petere. . .* » On interprète ce texte en disant: Si Papinien prescrit au vendeur d'exercer son droit d'option *aussitôt* à l'arrivée du terme, c'est donc que s'il tardait, son droit pourrait s'évanouir, par suite du payement effectué par l'acheteur. — Telle n'a pas été la pensée du jurisconsulte. Papinien, dans le livre III de ses réponses, n'examine pas la question de savoir si la demeure peut être purgée; et le mot « *statim* » n'a pas l'importance qu'on lui attribue. La pensée de Papinien est renfermée dans les derniers mots du texte: « *nec posse si commissoriam elegit, postea variare.* » Il a en vue le droit d'option du vendeur: il l'avertit qu'il peut choisir entre la résolution et l'exécution du contrat, dès que le terme sera arrivé, mais que son choix, une fois fait, est définitif. C'est la même opinion qui est exprimée dans la loi 7 de notre titre que nous retrouverons plus loin.

Il est donc certain que l'acheteur ne peut pas purger sa demeure; de plus, le texte que nous venons d'analyser prouve que le vendeur n'est pas obligé d'exercer son droit d'option dès que le terme est échu.

2° Il faut que le prix n'ait pas été intégralement

4

payé. L'acheteur ne pourrait objecter qu'ayant versé
une partie du prix, et le prix étant divisible, la condition de non-payement n'est pas réalisée ; sinon, la *lex*
ne produirait plus guère d'effet contre lui, puisqu'en
payant une somme insignifiante il se trouverait garanti.
On peut, d'ailleurs, invoquer ces paroles de Paul parlant lui aussi d'une obligation divisible : « *Nihilum
prodest ad pœnam evitandam, partem suam solvere* »
(L. 25, § 13, *Fam. ercisc.*, D., X, 11).

3° Il faut en troisième lieu que le non-payement du
prix provienne de la négligence de l'acheteur, et non
pas du fait ou de la faute du vendeur. « *Committitur
lex quum per emptorem stat quominus solvatur*; *non
committitur quum per venditorem stat quominus solvatur.* »

Pour être en règle, l'acheteur, nous le savons, doit
prévenir le vendeur et lui offrir le payement du prix.
Alors naît pour ce dernier le droit d'option dont nous
parlions plus haut. La *lex commissoria* est ajoutée dans
son intérêt, *in venditoris gratiam* : aussi peut-il, seul,
invoquer la résolution du contrat. Accorder le même
droit à l'acheteur serait mettre le vendeur à sa discrétion : libre de payer ou de ne pas payer le prix, l'acheteur se garderait bien d'exécuter son obligation, si la
chose venait à périr, et la perte serait pour son créancier : « *Cum venditor fundi in lege ita caverit, si ad diem
pecunia soluta non sit, ut fundus inemptus sit, ita acci-
pitur inemptus esse fundus, si venditor inemptum eum*

esse velit, quia id venditoris causa caveretur : *nam si aliter acciperetur, exusta villa in potestate emptoris futu-
rum, ut non dando pecuniam inemptum faceret fundum,
qui ejus periculo fuisset* » (L. 2, *h. tit.*). Il serait enfin
contraire aux principes que l'acheteur obtînt sa libération de sa négligence à payer le prix, alors que la faute
de chacun doit lui nuire. Qu'on ne vienne pas dire que,
d'après les termes mêmes dont elle est conçue, la *lex*
est *commissa ipso jure*, par le seul défaut de payement
du prix ; « *nam legem commissoriam, quæ in venditioni-
bus adjicitur, si volet, venditor exercebit : non etiam in-
vitus* » (L. 3, *h. tit.*). Autre chose est avoir un droit, dit
Favre, autre chose, vouloir l'exercer. Sans doute, le
droit à la résolution est né en faveur du vendeur par le
seul défaut de payement du prix. Mais veut-il l'invoquer, c'est une question de fait à résoudre et non une
question de droit.

Le vendeur a donc un choix à faire. Nous avons vu
dans la loi 4, § 4, citée plus haut, que l'option une fois
faite est définitive. La loi 7, *h. tit.*, exprime la même
idée : « *Post diem commissoriæ legi præstitutum, si venditor pretium petat legi commissoriæ renunciatum videtur, nec variare, et ad hanc redire potest.* » Il y aurait
contradiction, dit Favre, à demander le maintien et la
résolution du contrat : aussi, en choisissant le payement du prix, il renonce au bénéfice de la *lex commissoria*.

. On comprend que le vendeur ne puisse plus changer

d'avis une fois l'action en résolution introduite, car alors son droit se trouve déduit en justice. Mais l'option résulterait-elle d'une simple *interpellatio*? La négative ne nous paraît pas douteuse en présence de la loi 4, § 4, *h. tit.* Si le vendeur avait dû perdre le droit de poursuivre la résolution de la vente par une simple sommation adressée à l'acheteur, on ne comprendrait pas que Marcellus ait pu se demander si l'acheteur n'était déchu qu'après une sommation.

Tel est le droit du vendeur. Revenons maintenant à l'acheteur, et supposons que, dans le délai convenu, il ait offert son prix; plusieurs hypothèses peuvent se présenter :

Première hypothèse. — Le vendeur accepte : pas de difficulté ici, le prix ayant été payé à l'échéance, la vente devient incommutable.

Deuxième hypothèse. — Le vendeur refuse de recevoir le prix. Comme tout débiteur qui se heurte contre la mauvaise volonté de son créancier, l'acheteur obtiendra sa libération par des offres suivies de consignation. De simples offres suffiraient-elles? On a soutenu la négative, en se fondant sur plusieurs lois; la plus importante est ainsi conçue : « *Sed si se subtrahat, et jure dominii eamdem rem retineat, denunciationis et obsignationis, depositionisque remedio contra fraudem potes juri tuo consulere* » (L. 7., *De pact. int. empt. et vendit.*, IV, LIV). D'après ce texte, lorsque l'acheteur à réméré se cache, afin de ne pas recevoir le remboursement du prix, le vendeur peut sauvegarder son droit en consignant la somme qu'il doit payer pour exercer le rachat. De même, dit-on ici, l'acheteur devra faire la consignation s'il veut triompher de la mauvaise volonté du vendeur.

Nous ne pensons pas que l'analogie entre les deux espèces prévues soit suffisante pour qu'on puisse étendre à la deuxième la décision donnée dans la première. Dans la vente à réméré la position des parties est égale : le vendeur n'est pas protégé d'une manière spéciale, on comprend donc qu'on exige de lui non seulement des offres, mais encore la consignation du prix de rachat. La *lex commissoria*, au contraire, est une mesure de faveur à l'égard du vendeur : elle le met pour ainsi dire en dehors du droit commun pour lui faire une situation privilégiée ; faut-il s'étonner, dès lors, que, si c'est le vendeur lui-même qui empêche le payement, la protection qui lui avait été offerte lui soit retirée, et que l'acheteur se trouve à l'abri par le seul fait de l'offre.

Nous pouvons invoquer des textes à l'appui de notre opinion. D'abord les derniers mots de la loi 4, § 4, *h. tit.* : « ... *offerre eum debere, si vult se legis commissoriæ potestate solvere : quod si non habet cui offerat, posse esse securum ;* » ce texte ne parle pas de consignation. Puis la loi 8, *h. t.* « *Mulier fundos Gaio Seio vendidit, et acceptis arrhæ nominis certæ pecuniis, statuta sunt tempora solutioni reliquæ pecuniæ ; quibus si non*

*paruisset emptor, pactus est, ut arrham perderet, et in-
emptæ villæ essent : die statuto emptor testatus est, se pecuniam omnem reliquam paratum fuisse exsolvere, et sac-
culum cum pecunia signatorum signis obsignavit ; defuisse
autem venditricem : posteriore autem die nomine fisci tes-
tato conventum emptorem, ne ante mulieri pecuniam ex-
solveret, quam fisco satisfaceret ; quæsitum est, an fundi
non sint in ea causa, ut a venditrice vindicari debeant ex
conventione venditoris? Respondit, secundum ea, quæ
proponerentur, non commisisse in legem venditionis emptorem.* » Voici l'espèce, en résumé : Une vente a eu
lieu avec *lex commissoria* : au jour fixé, l'acheteur déclare devant témoins être prêt à payer le prix, et les
témoins apposent leur cachet sur le sac renfermant les
écus ; le vendeur fait défaut ; le lendemain, le fisc pratique une saisie-arrêt entre les mains de l'acheteur ; en
conséquence, le jurisconsulte décide que l'acheteur
n'a pas encouru la *lex commissoria*. — Il résulte de ce
texte que la consignation n'a pas eu lieu : aucun mot
ne le fait entendre, d'abord ; puis, c'est impossible,
car la consignation aurait libéré le débiteur, de sorte
que le fisc n'aurait pu pratiquer une saisie-arrêt entre
ses mains. D'un autre côté, l'acheteur est à l'abri,
puisque le vendeur ne peut plus faire résoudre la vente.
Donc l'offre faite par le débiteur le met à l'abri de la
résolution.

Nous ne prétendons pas, d'ailleurs, que l'offre suf-
fise pour libérer l'acheteur ; mais il ne s'agit pas pour

lui d'être libéré : ce qui lui importe de prouver, c'est sa diligence, car sa négligence seule est punie ; or, cette preuve ne résulte-t-elle pas clairement de l'offre de payer? Pourquoi donc le rendre victime des chicanes du créancier? Pourquoi ne pas appliquer la règle formulée par Ulpien dans la loi 161, *De rej. jur.*(L, XVII) : « *In jure civili receptum est, quotiens per eum, cujus interest, conditionem non impleri, fiat, quominus impleatur, perinde haberi, ac si impleta conditio fuisset?* »

L'acheteur, toutefois, ne doit pas s'endormir dans une fausse sécurité après qu'il a fait ses offres ; car le vendeur pourrait, se ravisant, réclamer le prix et si l'acheteur n'était pas en mesure de l'acquitter, il encourrait la *lex commissoria*. Au surplus, la mauvaise foi du vendeur ne doit point préjudicier à l'acheteur ; s'il résultait, par exemple, de l'examen des faits, que le vendeur a refusé le prix pour le réclamer ensuite dans un moment où il savait l'acheteur gêné, il serait injuste, en pareil cas, de déclarer la résolution accomplie. Cette menace continue donne de l'utilité au dépôt et à la consignation qui libèrent complètement l'acheteur à l'inverse d'une offre.

Troisième hypothèse. — Le vendeur est absent. S'il a laissé un *procurator*, c'est à lui que l'acheteur devra remettre les fonds. S'il n'en a pas laissé, sa négligence ne pouvant nuire à l'acheteur, celui-ci n'aura rien à redouter s'il prouve qu'il était prêt à payer (L. 4, § 4, *h. tit.*).

Voici d'autres cas encore où nous déciderons que la résolution n'est pas encourue parce que *non emptoris steterit quominus solveretur.*

1° Le vendeur est mort et son hérédité n'a pas été acceptée (L. 4, § 4, *h. tit.*) ;

2° Le vendeur a manqué à l'obligation qu'il avait contractée de fournir avant le payement du prix des garanties, des fidéjusseurs, par exemple, en prévision d'une éviction pour l'acheteur (L. 10, § 1, *De rescind. rend.*, XVIII, V) ;

3° L'acheteur étant prêt à payer, le juge lui défend de le faire ;

4° L'acheteur est libéré autrement, par exemple, par compensation ou novation ;

5° Les créanciers du vendeur lui font défense de payer (L. 8, *h. tit.*) ;

Inversement la *lex* serait accomplie dans l'hypothèse suivante : le vendeur est mort avant d'avoir été payé : l'acheteur est nommé tuteur de ses enfants impubères ; il se dispense de payer le prix à ses cotuteurs et ne le rapporte pas davantage à son compte de tutelle.

L'acheteur serait libéré si le vendeur renonçait expressément ou tacitement à son droit. La renonciation tacite résultera par exemple du fait de demander le payement du prix en justice, lorsque l'échéance est arrivée (L. 4, § 2 ; L. 7, *h. tit.*). Elle résulterait aussi de l'acceptation par le vendeur d'un payement partiel à l'échéance : « *Post diem lege commissoria comprehen-*

sum venditor reliquæ pecuniæ partem accepit ; respondit si post statutum diem, reliquæ pecuniæ venditor legem dictam non exercuisset et partem reliqui debiti accepisset, videri recessum a commissoria (L. 6, § 2 h. tit.).

DEUXIÈME CAS. — *Un terme n'a pas été fixé pour l'accomplissement de la lex commissoria.* — Puisqu'il n'y a pas de terme, la maxime : « *Dies interpellat pro homine* » n'est pas applicable. Tant que l'acheteur n'a pas été mis en demeure, il peut croire que le vendeur n'est pas pressé de recevoir le prix ; le vendeur doit donc avertir l'acheteur de son intention de le poursuivre en justice s'il ne s'acquitte pas de sa dette.

A quel moment pourra-t-il faire l'interpellation ? Il est bien certain qu'il ne pourra pas agir au moment même de la vente ; à quoi servirait l'adjonction d'une *lex commissoria* si le vendeur pouvait aussitôt après le contrat provoquer la résolution en invoquant le défaut de payement ? Il devra donc laisser à l'acheteur un *modicum tempus* pour se libérer. Quelques auteurs vont plus loin. Voët se fondant sur la loi 31, § 22, D., *De ædit. edict.*, XXI, I, pense que l'acheteur ne pourra pas être poursuivi avant un délai de soixante jours. Mais il s'agit dans cette loi d'une vente à l'essai et non d'une vente avec *lex commissoria*, et il nous semble arbitraire d'étendre la décision qu'elle rend en dehors du cas qu'elle prévoit. Nous pensons qu'il s'agit ici d'une question de fait, et que la durée du délai variera suivant les circonstances.

Jusqu'à présent nous avons supposé une *lex commissoria* résolutoire. Si la *lex commissoria* était suspensive, tous les résultats que nous avons observés se produiraient en sens inverse.

CHAPITRE III

EFFETS DE LA LEX COMMISSORIA

Pour apprécier les effets de la *lex commissoria*, il faut se placer à deux époques : 1° La *lex* est en suspens ; 2° la *lex* est accomplie ou défaillie.

I. LA LEX COMMISSORIA EST EN SUSPENS

Première hypothèse. — La *lex commissoria* revêt la forme d'une condition résolutoire. La vente est pure et simple. De là les conséquences suivantes :

1° L'acheteur peut exiger la tradition de la chose au moyen de l'action *empti* ;

2° L'acheteur devient propriétaire par la tradition si le vendeur l'était lui-même. Il peut intenter la revendication ; il peut aliéner la chose ou la grever de droits réels ; mais les droits ainsi transmis sont, comme le sien, soumis à l'éventualité d'une résolution ;

3° Si le vendeur n'était pas propriétaire, l'acheteur se trouve *in causa usucapiendi* (L. 2, § 1, *De in diem addict.*, D., XVIII, II).

4° Il fait les fruits siens (**L.** 5, *h. tit.*) ;

5° Les risques sont à sa charge (**L.** 2, *h. tit.*) ;

6° Il doit supporter les charges et payer les « *tributa* » qui pèsent sur la chose.

Deuxième hypothèse. — La *lex commissoria* revêt la forme d'une condition suspensive. Les effets du contrat sont en suspens, car l'existence de la vente dépend de la réalisation de la condition. Donc :

1° L'acheteur ne peut obliger le vendeur par l'action *empti* à lui livrer la chose ;

2° La tradition anticipée faite par le vendeur ne rend pas l'acheteur propriétaire en admettant que le vendeur le fût lui-même ;

3° En supposant que le vendeur fût *non dominus*, la tradition ne met pas l'acheteur en position d'usucaper (**L.** 2, § 3, *Pro empt.*, **D.**, **XLI**, **IV** ; 8, pr., *De peric. et com.* **D.**, **XVIII**, **VI**) ;

4° Le payement du prix par l'acheteur donne lieu à répétition de l'indû s'il l'a payé par erreur (**L.** 8, pr. **XVIII**, **VI**);

5° Le vendeur acquiert la propriété des fruits perçus (**L.** 4, pr., *De in diem addict.*, **D.**, **XVIII**, **II**).

II. LA LEX COMMISSARIA EST ACCOMPLIE OU DÉFAILLIE.

A. — *Lex commissaria résolutoire,*

1° *Effets inter partes.* — Supposons d'abord la condition accomplie. La vente est résolue, *finita est emptio* (L. 4, pr., *h. tit.*). Donc tous les effets qu'elle avait produits sont anéantis ; l'acheteur est obligé de restituer tout ce qu'il a reçu, car il le conserverait sans cause.

Ainsi : il doit retransférer au vendeur la propriété de la chose. (Nous rechercherons plus loin si la propriété ne revenait pas au vendeur *ipso jure*). — Il doit restituer les fruits perçus *pendente conditione* ; cette solution est écrite dans les lois 4, § 1 et 5 de notre titre : « *Sed quod ait Neratius, habet rationem ut interdum fructus emptor lucretur, cum pretium, quod numeravit, perdidit. Igitur, sententia Neratii tunc locum habet, quæ est humana, quando emptor aliquam partem pretii dedit* » (L. 4, § 1). Ainsi Neratius décide que l'acheteur conservera les fruits lorsqu'il a compté ou perdu une partie du prix ; le jurisconsulte s'exprimerait-il de la sorte si l'acheteur devait conserver les fruits, même s'il n'avait rien perdu ou versé ? Voici la loi 5 qui est encore plus explicite : « *Lege fundo vendito dicta, ut, si intra certum tempus pretium solutum non sit, res inempta sit, de fructibus, quos interim emptor percepisset, hoc agi intelligendum est, ut emptor interim eos sibi suo quoque jure perciperet; sed si fundus revenisset, Aristo existimabat, venditori de his judicium in emptorem dandum esse : quia nihil penes eum residere oporteret ex re, in qua fidem fefellisset.* » On a pourtant soutenu que l'acheteur conservait les fruits : L'acheteur, dit-on, est un possesseur de bonne foi, or le possesseur de bonne foi fait les fruits siens.

Mais on ne peut pas assimiler l'acheteur à un possesseur, car les textes lorsqu'ils envisagent la bonne ou la mauvaise foi du possesseur, supposent toujours qu'il n'existe pas de rapport contractuel entre les parties (M. Bufnoir, *Théorie de la condition.*) L'acheteur n'est qu'un propriétaire intérimaire. — On invoque aussi la loi 2. § 1, *De in diem addict.* (XVIII, II) d'après laquelle l'acheteur usucape, fait les fruits siens, etc. Nous répondons que cette loi se place, non pas après la condition accomplie, mais *pendente conditione.* Sans doute, dès que la vente est conclue, l'acheteur fait les fruits siens parce que le contrat est pur et simple, qu'il est donc propriétaire. Mais, lorsque la résolution se produit, il doit les restituer surtout dans l'hypothèse d'une *lex commissoria* où, comme dit Ariston, *fidem fefellit* (L. 5).

L'acheteur doit restituer également les accessoires de la chose : « *Idem respondit, si ex lege inempti sint fundi, nec id, quod accessurum dictum est, emptori deberi.* »

Il doit compte des dégradations qui proviennent de sa faute, ou de son fait (L. 4, pr., *h. tit.*). A plus forte raison serait-il responsable de la perte totale causée par sa faute. Les risques, d'ailleurs, sont toujours à sa charge en ce sens que si la chose a péri par cas fortuit ou a notablement diminué de valeur, le vendeur qui est libre de demander ou non la résolution du contrat optera pour le maintien et obligera l'acheteur à payer intégralement son prix.

L'acheteur étant responsable des dégradations, faut-il dire inversement que si la chose par son fait a acquis une plus-value, le vendeur devra la lui rembourser ? Cette question n'est pas résolue par les textes. On pourrait refuser le remboursement à l'acheteur en se fondant sur ce que la *lex commissoria* est une peine, et que « *fidem fefellit.* » Mais cette décision serait bien dure pour l'acheteur qui a peut-être fait des efforts louables pour arriver à exécuter son obligation. Il ne faut pas l'oublier : alors même qu'il aurait acquitté le montant presque intégral du prix, il suffit que la somme la plus minime manque pour que la résolution puisse être prononcée. Aussi déciderons-nous, conformément aux principes, que le vendeur devra rembourser la dépense à l'acheteur, jusqu'à concurrence de la plus-value. C'est la solution qui est admise dans le cas de donation à cause de mort par la loi 14, *De mort. caus. donat.* (D., XXXIX, VI) : « Si le donateur reprend la chose, il doit les dépenses utiles et les dépenses nécessaires. » Il doit en être de même ici.

Le vendeur n'a pas à restituer les arrhes (L. 6, pr., *h. tit.*). Doit-il restituer les acomptes par lui reçus ? Dans un système on ne l'y oblige pas. On s'appuie sur ces mots de la loi 4, § 1, *h. tit.* que nous avons citée plus haut : « *Quam pretium quod numeravit perdidit.* »

Ulpien, après Nératius, permet à l'acheteur de conserver les fruits, lorsqu'il perd ce qu'il a versé du prix,
c'est-à-dire les acomptes. En outre, la loi 6, *pr. h. tit.*,
mentionne parmi les choses que doit conserver le
vendeur : « *Id quod arrhæ, vel alio nomine datum est,* »
c'est-à-dire les acomptes. On argumente enfin de l'i-
dée de peine : l'acheteur doit supporter les conséquences de sa négligence (Lauterbach ; Favre). Ce
système offre une prime à la négligence de l'acheteur.
S'est-il montré diligent, a-t-il opéré des versements,
le jour fatal arrivant, il s'en trouve dépouillé. A-t-il
mis du mauvais vouloir, n'a-t-il fait aucune avance, il
n'aura jamais que la chose à restituer. Il a donc intérêt s'il a des capitaux disponibles, à les dissimuler,
et à ne pas les livrer. Les arguments de texte sont
loin d'être concluants. Sans doute, dans la loi 4, § 1,
Nératius dit bien que l'acheteur ne restitue pas les
fruits lorsqu'il perd les acomptes versés ; mais quand
perd-il ces acomptes ? Le jurisconsulte ne le dit pas ;
il ne nous paraît pas irrationnel de supposer que, lorsqu'il les perd, c'est en vertu d'une clause spéciale insérée au contrat. Quant à la loi 6, pr., nous ne croyons
pas nécessaire de traduire les mots « *alio nomine* »
par « à titre d'acompte. » Les arrhes ayant été donnés *ab
initio*, il est naturel de supposer qu'il s'agit encore de
choses fournies au moment du contrat, comme les
frais de l'acte, les présents d'usage, les épingles
(Voët ; Pothier).

Le vendeur doit-il les intérêts du prix versé? Cette question se rattache à la précédente, les intérêts étant l'accessoire des acomptes et la règle étant que: « *accessorium sequitur principale.* »

Les parties convenaient souvent que si, à défaut de payement du prix, le vendeur revendait la chose à un deuxième acheteur, mais à des conditions moins avantageuses, la différence de prix serait payée par le premier acheteur. Cette clause devint-elle de style dans les ventes, de telle sorte qu'il ne fût plus nécessaire de l'exprimer; et le juge dut-il, en vertu de ses pouvoirs, la sous-entendre dans l'action *venditi*? Il est permis de le supposer: cette convention était entrée dans les habitudes journalières, puisqu'il en est fait mention à notre titre; or le juge, dans les actions de bonne foi, doit tenir compte des coutumes.

Les restitutions à faire par l'acheteur n'étaient pas limitées aux choses matérielles. Ainsi lorsque la chose avait été volée, ou détériorée, par un tiers, l'acheteur devait céder au vendeur les actions qu'il avait en réparation du dommage causé.

Par quelles actions le vendeur obtenait-il ces diverses restitutions? A l'origine, le vendeur n'avait aucun moyen à sa disposition puisque *ex pactis actio non oritur*. Lorsque le législateur eût reconnu la *condictio ob rem dati re non secuta*, cette *condictio* dut être accordée au vendeur. Il avait donné son bien à l'acheteur afin que celui-ci en retour lui donnât des écus: l'acheteur n'exécutant pas son obligation de donner, la dation du vendeur se trouvait manquer de cause : l'acheteur devait donc restituer ce qu'il avait reçu.

La *condictio* était une action de droit strict, ce qui présentait des inconvénients. Les pouvoirs du juge sont limités dans les actions de droit strict; le juge est lié par les termes de la convention : toute appréciation lui échappe. Eût-il les meilleures raisons de croire que les accessoires de la chose doivent revenir au vendeur, et que l'acheteur ne doit pas conserver les fruits, il ne pourra cependant faire porter sa condamnation que sur la chose elle-même. De même, l'acheteur s'est-il rendu coupable d'une *culpa in committendo?* La chose s'est-elle détériorée par suite de sa négligence? Le juge ne pourrait le condamner à indemniser le vendeur, car dans les actions de droit strict le défendeur est tenu seulement de ses fautes *in committendo.*

Aussi les jurisconsultes reconnurent-ils la nécessité d'une action susceptible de donner une satisfaction plus complète aux intérêts du vendeur. Les Proculiens proposèrent ici l'adoption de l'action *præscriptis verbis* qui, n'ayant pas en vue une hypothèse déterminée, pouvait s'appliquer aux différentes espèces de contrats innomés. L'acte juridique accompli par les parties peut, en effet, s'analyser en un contrat *do ut des* : le vendeur a aliéné la propriété de sa chose à l'acheteur, *dedit venditor*, sous la condition que la propriété lui serait retransférée par l'acheteur, *ut emptor dederit,*

5

s'il ne payait pas le prix. La condition étant accomplie, le vendeur peut donc demander par l'action *præscriptis verbis* la restitution convenue.

Les Sabiniens, moins hardis, résistaient à l'introduction de cette action nouvelle. Comme remède à l'insuffisance de la *condictio*, ils accordaient au vendeur l'action *venditi*, et justifiaient ainsi cette extension : la *lex commissoria* est un pacte adjoint *in continenti* à un contrat de bonne foi ; elle doit être réputée comprise dans la vente et l'action *venditi* doit être sa sanction.

Les Proculiens répondaient avec raison qu'il était illogique de se servir de l'action du contrat pour en demander la résolution. Le vendeur, en invoquant la *lex commissoria*, renonce à se prévaloir de la vente : il considère la vente comme n'existant pas, ou plutôt comme anéantie. Alors, comment peut-il prétendre invoquer l'action née de la vente ? *Cessante causa, cessat effectus*.

A cet argument, les Sabiniens répliquaient qu'il ne faut pas méconnaître la nature de la vente. C'est un contrat consensuel et de bonne foi. Il faut donc, avant tout, rechercher quelle a été l'intention des parties ; et, si les parties ont entendu que certaines obligations survivraient à la résolution du contrat, on doit respecter cette convention et lui donner effet. Or, quelle a été l'intention des parties lorsqu'elles ont inséré une *lex commissoria* à la vente ? Elles ont voulu, en introduisant cette clause de faveur, permettre au vendeur de rentrer dans la possession de la chose, sans pour **cela** délier l'acheteur de son obligation qui est perpétuée, même après la résolution de la vente (L. 6, § 1, D., *De contrah. empt.*, XVIII, 1).

Il est probable qu'aucune des deux écoles n'obtint complètement gain de cause. L'action *venditi* fut certainement accordée ainsi qu'il résulte de la loi 6 et de la loi 4, pr., *h. tit.* D'un autre côté, ces textes ne prononcent pas l'exclusion de l'action *præscriptis verbis*, et comme d'ailleurs un rescrit d'Alexandre Sévère (L. 2, C., *De pact. int. empt. et vend.*, IV, I, IV) donne l'une et l'autre action dans une hypothèse voisine de la nôtre, au vendeur à réméré, il n'est pas téméraire de supposer qu'elles existèrent conjointement dans le cas d'une *lex commissoria*. La controverse des deux écoles ne présentait d'ailleurs que peu d'importance, car les deux actions sont civiles et de bonne foi.

L'action *venditi* et l'action *præscriptis verbis* étaient avantageuses en ce qu'elles sanctionnaient les obligations de prestations réciproques dont les parties pouvaient être tenues.

Etaient-elles arbitraires ? Il ne faut pas s'exagérer l'importance de la question. Comme nous l'avons décidé à propos de la revendication, les actions arbitraires présentent ce caractère remarquable que, si le défendeur refuse d'opérer la restitution ordonnée par l'*arbitrium* du juge, l'exécution de cet ordre a lieu *etiam manu militari.* Mais nous avons ajouté que cette exécution *manu militari* ne se comprend que si l'obstacle à lever est un obstacle de fait. Or, dans notre hypothèse, il s'agit de lever un obstacle de droit. L'acheteur est devenu propriétaire, et c'est la retranslation de la propriété au vendeur que le juge lui ordonne de faire : dès lors, l'exécution forcée devient impossible, car on ne peut pas contraindre l'acheteur à vouloir. Toutefois, la question présente de l'intérêt au point de vue du montant de la condamnation. Lorsqu'une action est arbitraire, le débiteur refusant d'obéir *an jussus*, c'est le demandeur qui fixe le chiffre de la condamnation après avoir prêté serment de ne pas excéder le *quod interest*.

A notre avis l'action *venditi* et l'action *præscriptis verbis* devaient être arbitraires. La *lex commissoria* aurait eu bien peu d'utilité pour le vendeur, alors qu'il n'avait à sa disposition que ces actions personnelles, si le juge n'avait pas eu le pouvoir d'ordonner la restitution, c'est-à-dire de menacer l'acheteur de faire taxer son refus par le vendeur.

On objecte qu'une action ne peut être à la fois arbitraire et de bonne foi. — Nous répondons que l'action *depositi* qui est de bonne foi est arbitraire (Gaius, IV, 47 ; L. 1, § 21, D., *Depos.*, XVI, III). De même l'action *commodati* (Gaius, IV, § 47). Remarquons d'ailleurs que nous n'avons pas la liste complète des actions arbitraires (§ 31, Inst., *De actione*, IV, VI).

On a dit encore que les textes à propos de ces deux

actions ne parlent pas du *jusjurandum in litem*. Mais
il n'est pas nécessaire qu'il y ait un *jusjurandum in
litem* dans toutes les actions arbitraires. Nous avons
dit sans doute que, lorsque le défendeur refuse de restituer, le demandeur fixe le montant de la condamnation sur serment ; et il en serait de même, si le défendeur avait cessé de posséder par dol. Mais, hors de
ces deux cas, c'est le juge qui fait lui-même l'appréciation (L. 68, *De rei vind.*, D., VI, 1).

Les actions *venditi* et *præscriptis verbis* étaient personnelles. Il en résultait que, suffisantes si la chose
était restée libre entre les mains de l'acheteur et si
celui-ci consentait à en retransférer la propriété, elles
étaient inefficaces dans le cas contraire. Bien plus,
alors même que l'acheteur consentait à retransférer la
chose, le vendeur devait respecter les droits réels dont
l'acheteur avait pu la grever *pendente conditione*.

Aussi s'est-on demandé si le vendeur n'avait pas
l'action en revendication. La question revient à savoir
si, par l'événement de la condition, le vendeur n'est
pas redevenu propriétaire. Autrement dit : La propriété
pouvait-elle, à Rome, être transférée *ad tempus*, de
telle sorte que la condition arrivant, la propriété re-
vienne au vendeur *ipso jure*, sans aucun mode de rétrocession?

Voici le double intérêt qu'il y a pour le vendeur à
avoir la revendication : 1° L'acheteur a-t-il, *pendente
conditione*, aliéné la chose, ou l'a-t-il grevée de **droits**

réels? Le vendeur pourra la suivre et la saisir entre les mains des tiers : de plus, les droits réels tomberont soit parce qu'ils auront été consentis *a non domino*, soit parce que *nemo plus juris transferre potest quam ipse habet*; 2° pour ceux qui n'admettent pas que les actions *venditi* et *præscriptis verbis* sont arbitraires, la revendication présente encore l'avantage d'être arbitraire. Dès lors, si la chose est restée entre les mains de l'acheteur qui refuse de restituer, c'est le vendeur qui fixe le montant de la condamnation. Bien plus, le vendeur étant redevenu propriétaire, l'*arbitrium* pourra être exécuté *manu militari*.

L'embarras, dans cette question, provient des solutions contradictoires qu'on rencontre dans les textes. Voici d'abord une série de lois desquelles résulte l'impossibilité pour le vendeur de transférer la propriété *ad tempus*. Paul, dans la loi 38, § 3, D., *De usur.* (XXII, I), et dans la loi 35, § 3, D., *De mort. caus. donat.* (XXIX, VI), suppose le cas d'une donation à cause de mort, c'est-à-dire d'une donation, dont la résolution est subordonnée au prédécès du donataire. La condition s'accomplissant, quelle action aura le donateur? « *Condictio nascatur*, » dit-il, dans la première loi, et dans la deuxième : « *Nec dubitaverunt Cassiani quin condictione repeti possit.* »

De plus, la loi 3, C., *De pact. int. empt. et vendit.* (IV, LIV), prévoyant le cas de pacte commissoire, ne ~ntente pas d'accorder au vendeur une action personnelle, mais il lui refuse la revendication. Ce texte est ainsi conçu : « *Qui ea lege prædium vendidit, ut nisi reliquum pretium intra certum tempus restitutum esset, ad se reverteretur, si non precariam possessionem tradidit, rei vindicationem non habet, sed actionem ex vendito.* »

Enfin, une Constitution de Dioclétien et de Maximien affirme que la propriété n'a pu être transférée jusqu'à un certain temps (*Fragm. Vntic.*, § 285) : « *Si stipendiariorum proprietatem dono dedisti, ita ut post mortem ejus qui accepit, ad te rediret, donatio irrita est, cum ad tempus proprietas transferri nequit.* »

Il résulterait de ces dispositions et de plusieurs autres encore que la propriété n'a pu être affectée d'une condition résolutoire. Le vendeur n'aurait donc que la ressource des actions personnelles. Mais d'autres textes présentent des décisions absolument opposées.

C'est d'abord la loi 41, *De rei vind.* (D., VI, I). Ulpien prévoit le cas d'une vente accompagnée d'une *in diem addictio*, et, supposant que la vente est pure et simple, mais doit se résoudre par l'événement de la condition, il déclare, qu'aussitôt l'offre meilleure acceptée, l'acheteur ne peut plus user de la revendication « *jam non potest in rem actione uti.* » L'acheteur a donc cessé d'être propriétaire, d'où il suit que le vendeur l'est redevenu.

La même solution résulte de la loi 29, Dig., *De mort. caus. donat.* (XXXIX, VI), ainsi conçue : « *Si mortis causa res donata est, et convaluit qui donavit : videndum an habeat in rem actionem? Et si quidem quis sic donavit, ut si mors contigisset, tunc haberet, cui donatum est : sine dubio donator poterit rem vindicare mortuo eo, tunc is cui donatum est. Si vero sic, ut jam nunc haberet ; redderet, si convaluisset, vel de prælio vel peregre rediisset ; potest defendi in rem competere donatori, si quid horum contigisset : interim autem ei cui donatum est. Sed et si morte præventus sit is, cui donatum est, adhuc quis dabit in rem donatori.* »

C'est encore la même théorie qui résulte de la loi 8, *h. tit.*, de la loi 3, D. *Quib. mod. pign.. solv.* (XX, VI), de la loi 4, C., *De pact. int. empt. et vendit.*, enfin de la loi 4, § 3, D., *De in diem addict.* (XVIII, II) et de la loi 2, C., *De donat. quæ sub modo* (VIII, LV). Voici les deux dernières : Ulpien, d'après Marcellus, suppose que dans une vente accompagnée d'*in diem addictio*, des hypothèques ont été consenties par l'acheteur : la condition se réalisant, les hypothèques tombent. Il en résulte que le droit de l'acheteur est résolu par l'événement de la condition ; autrement, il aurait pu conférer des droits incommutables. La loi 2 C., précitée est ainsi conçue : « *Si rerum tuarum proprietatem dono dedisti, ita ut, post mortem ejus qui accipit, ad te rediret, donatio valet ; cum etiam ad tempus certum, vel incertum ea fieri potest, lege scilicet, quæ ei imposita est, conservanda.* »

Cette divergence dans les décisions a vivement préoccupé les interprètes. Parmi les anciens commentateurs,

Voët et Bruneman ont cru trouver une conciliation en appréciant les termes employés par les parties. Les paroles sont-elles précises, témoignent-elles d'une manière certaine la volonté du vendeur de redevenir propriétaire à l'arrivée de la condition, les parties se sont-elles exprimées ainsi : *Emptio nulla sit* ou *fundus sit inemptus*? Le vendeur, dans cette hypothèse, aura droit à la revendication. Au contraire, les termes sont-ils vagues, indécis, *obliqua*? La perpétuité ne reviendra pas au vendeur qui aura seulement une action personnelle. C'est ainsi qu'ils interprètent les lois 3 et 4, *De pact. int. empt. et vendit.* Dans la loi 3, il a été dit : « *prædium... reverteretur* » ce sont des *verba obliqua* ; voilà pourquoi le vendeur a seulement l'action *venditi*. Dans la loi 4, au contraire, si le vendeur a la revendication, c'est que les parties ont dû se servir de *verba directa*.

Cette explication se comprend peu. Nous sommes en matière de vente : le contrat étant de bonne foi, comment admettre qu'on s'attache d'une façon aussi stricte aux mots prononcés? En quoi d'ailleurs les *verba obliqua* sont-ils moins précis que les *verba directa*? Il n'y a là, ce me semble, que de simples variantes de style, pas autre chose.

Laissant de côté cette explication et les autres, nous allons nous contenter d'exposer le système présenté par M. Pellat et aujourd'hui généralement admis (1).

___

(1) Voir : M. Pellat (*op. cit.*), p. 274 et suiv., et M. Bufnoir *op. cit.*),p. 136 et suiv.

A l'origine, les Romains n'ont pas admis que la propriété pût être transférée *ad tempus*. Ce n'est pas que les modes nécessaires pour faire passer la propriété d'une personne à une autre, *mancipatio* ou *in jure cessio*, ne se prêtassent pas à l'insertion d'une condition : car on pouvait fort bien, au moyen d'une *in jure cessio*, transférer un droit d'usufruit *ad conditionem* (*Frag. Vat.*)., § 48). La raison, c'est que les Romains considéraient la propriété comme un droit absolu, illimité ; la propriété ne pouvait donc pas être affectée d'une condition résolutoire ; c'eût été la limiter dans le temps. Sans doute, le propriétaire d'une chose peut l'aliéner complètement, car c'est exercer son propre droit ; mais il ne peut limiter *ab initio* le droit qu'il transfère à un tiers ; celui-ci ne peut qu'être propriétaire absolu comme l'aliénateur l'était, ou ne pas être propriétaire du tout. Tels étaient les principes du vieux droit civil ; en en faisant l'application à la vente, on devait décider que le vendeur à l'arrivée de la condition n'avait qu'une action personnelle.

Vers l'époque classique, Ulpien soutint que la propriété revenait de plein droit au vendeur par l'événement de la condition, que le vendeur, par conséquent, avait la revendication. Cette opinion semble lui être restée à peu près personnelle. Ainsi c'est lui qui est l'auteur des lois 29, D. *De mort. caus.* ; 4, § 3, *De in diem addict.*; 3, *Quib. mod. pign. solv.* (XX, VI). Remarquons, de plus, que dans les mêmes hypothèses où

Ulpien donne la revendication, les autres jurisconsultes donnent une action personnelle; ainsi Julien dans la loi 13, § 1, *De mort. causa donat.* (D., XXXIX, VI) suppose comme Ulpien, dans la loi 29 du même titre, une donation à cause de mort. Parmi les rescrits, les uns adoptèrent la théorie d'Ulpien, exemple : L. 4, C., *De pact. int. empt. et vend.*; d'autres la repoussèrent, exemple : § 283, *Fr. Vat.*

A l'époque de Justinien, sa doctrine paraît avoir prévalu. Il suffit, pour s'en convaincre, de comparer le § 283, *Fr. Vat.*, et la loi 2, C., *De donat. quæ sub modo.* Remarquons, en effet, que la deuxième Constitution est calquée sur la première ; non seulement les mots du texte, mais la date et les noms de Dioclétien et Maximien se trouvent reproduits. La solution donnée est inverse dans les deux textes; or, comme l'exactitude du premier texte est démontrée, on doit croire que les rédacteurs du Code ont remanié cette Constitution et supprimé une négation afin de mettre la nouvelle loi en harmonie avec les principes du droit en vigueur sous Justinien.

Nous devons pour terminer, parler brièvement de deux autres systèmes qui ont été présentés sur cette question.

Dans une première doctrine, on soutient que l'opinion que nous croyons avoir été d'abord personnelle à Ulpien était admise, de tout temps, par tout le monde.

Il est inexact de prétendre que la propriété ne pou-

vait être aliénée que sous restriction, dit M. de Vangerow (Lehrbuch, I, § 96, n° 151). Les effets du transport de propriété doivent être déterminés par la
volonté des parties; qu'y a-t-il d'impossible à ce que
les parties soient tombées d'accord, l'une pour transférer, l'autre pour acquérir un droit résoluble? Dès
lors les textes qui parlent de revendication s'expliquent
aussi bien que ceux qui parlent d'une action personnelle: dans le premier cas, les parties ont subordonné
la résolution de la propriété à la condition du non-
payement du prix: aucune condition relativement à la
propriété n'a été insérée dans le deuxième cas. D'ailleurs, on ne peut pas conclure des textes qui parlent
seulement de l'action *venditi*, qu'ils refusaient la revendication: les deux actions peuvent coexister: ainsi la
personne volée a la revendication et l'action *furti* tout
à la fois. Enfin, ce qui achève de prouver qu'Ulpien
n'était pas isolé dans sa doctrine, ce sont les lois 8,
De lege com., 1 et 4, C. *De pact. inter empt. et vendit.*
(IV,LIV). — Nous répondrons à M. de Vangerow par
cette question : Si dès l'origine on avait admis que la
propriété pût être transférée *ad tempus*, comment
expliquer que les Romains se soient servis du contrat
de fiducie pour permettre au débiteur de reprendre la
chose donnée en gage? Si la doctrine d'Ulpien
était si universellement admise, pourquoi dans la
loi 29, D., *De mort. caus.*, ce jurisconsulte hésiterait-il
à présenter son opinion, pourquoi dirait-il : « *Potest*

defendi in rem comptere actionem. » — Enfin la loi 3,
C., *De pact. int empt. et vendit.*, et le § 283 *Fragm.*
Vatic. sont très formels. Restent à expliquer les lois
des jurisconsultes qui semblent partager l'avis d'Ulpien. On aurait tort dans la loi 8 d'attacher au mot
« *vindicari* » le sens précis qu'on lui attribue d'ordinaire : cette loi ne statue pas en effet sur le point de
savoir quelle action le vendeur aura : il s'agit de décider si la *lex commissoria* est encourue. Pour la loi 4,
remarquons qu'elle ne décide pas formellement que le
vendeur a la revendication ; qu'elle vient immédiatement après la loi 3, et que celle-ci résolvant directement la question s'exprime ainsi : « *rei vindicationem*
non habet. » Nous pouvons donc répéter que l'opinion
d'Ulpien ne fut pas suivie tout d'abord.

Le deuxième système soutient que jamais, à aucune
époque, la translation de la propriété *ad conditionem*
ne fut possible. Mais cette opinion ne se soutient pas
devant la comparaison de la loi 2, C., *De don. quæ sub*
modo, et du § 283, *Fr. Vatican.*

La propriété était-elle résolue avec un effet rétroactif ? La question ne présente pas d'intérêt pour l'a-
cheteur. Quelle que soit la solution qu'on adopte, les actes
qu'il a passés, *pendente conditione*, seront nuls à l'arrivée
de la condition, si l'on admet la rétroactivité, parce
qu'il est réputé n'avoir jamais été propriétaire, et si
l'on n'admet pas la rétroactivité, parce qu'il n'a pas pu
conférer des droits plus étendus que le sien. Au con-

traire, la question est importante au point de vue des droits conférés *interim* par le vendeur. Admet-on la rétroactivité ? Le vendeur, n'ayant pas cessé d'être propriétaire, a pu valablement consentir ces droits qui sont consolidés. Admet-on la non rétroactivité, ces droits ayant été constitués *a non domino* se trouvent anéantis, de même, l'acheteur ayant acquis *pendente conditione* une servitude sur le fonds livré, la servitude subsistera après l'événement de la condition.

La rétroactivité ne dut pas être admise à Rome : cela résulte de la loi 4, § 3, D., *De in diem addict* (XVIII, II) ainsi conçue : « *Sed et Marcellus, lib. V, Digestorum scribit, pure vendito, et in diem addicto fundo, si melior conditio allata sit, rem pignori esse desinere, si emptor eum fundum pignori dedisset. Ex quo colligitur, quod emptor medio tempore dominus esset, alioquin nec pignus teneret.* » Ulpien rapporte cette décision de Marcellus : une vente pure et simple mais accompagnée d'une *in diem addictio* ayant eu lieu, l'acheteur, *pendente conditione*, a grevé la chose d'une hypothèque ; la condition arrivant, le fonds cesse d'être tenu de l'hypothèque ; le jurisconsulte en conclut que l'acheteur était propriétaire dans le temps intérimaire : autrement l'hypothèque ayant été constituée *a non domino* n'eût pas été valable. — Ajoutons la loi 3, *Quib. mod. pign.* (D., XX, VI).

On a opposé à ces textes la loi 9, pr., *De aqu. et aqu. pluv.* (D., XXXIX, III) : « *In diem addicto prædio et emptoris et venditoris voluntas exquirenda est* : *ut sive remanserit penes emptorem, sive recesserit, certum sit, voluntate domini factam aquæ cessionem.* » La loi, dit-on, exige le concours du vendeur à l'acte constitutif de servitude. D'un autre côté, cette condition remplie, la servitude est valable : c'est donc que le vendeur a été rétroactivement propriétaire. — On peut répondre, d'abord, que Paul donne seulement aux parties un conseil de prudence, parce qu'il pourrait y avoir doute ; on peut dire aussi que le vendeur, *pendente conditione*, est propriétaire sous condition suspensive. Pourquoi ne pourrait-il pas alors constituer des droits affectés de la même condition que le sien, d'autant plus que la servitude a été constituée *usu*, c'est-à-dire par un mode qui comporte une condition. Le texte peut ainsi s'expliquer, sans qu'on soit obligé d'admettre que le vendeur acquiert rétroactivement la propriété (M. Bufnoir, op. cit.). De plus, cette loi est de Paul, qui n'admettait pas la résolution de plein droit (L. 39, D., *De mort. caus. donat.* (XXXIX, VI). Il ne pouvait donc pas s'occuper de l'effet rétroactif de la condition.

Ainsi, la condition n'avait pas d'effet rétroactif, ce qui dut contribuer à perpétuer l'usage des actions *venditi* et *præscriptis verbis.* Voici comment : Le juge de l'action en revendication ne connaît que des faits qui ont suivi le moment où la propriété a fait retour au vendeur, aussi, l'acheteur, *ante legem commissam*, avait-il perçu les fruits de la chose, l'avait-il détériorée?

Le vendeur, par la revendication, ne pouvait réclamer la restitution des fruits ni des dommages et intérêts. Il en résulte que le vendeur pouvait hésiter à intenter l'action réelle ; et, notamment, si l'acheteur était solvable, il dut préférer exercer les actions personnelles. Rappelons, enfin, que ces actions étaient sa seule ressource, lorsqu'il ne pouvait prouver ni sa propriété ni sa possession.

Jusqu'à présent, nous avons supposé que le vendeur était propriétaire de la chose livrée. En supposant qu'il ne fût pas propriétaire, la possession de l'acheteur lui était-elle utile au point de vue de l'usucapion ? Pour que la question se présente, il faut supposer la réunion des conditions suivantes : 1° Le vendeur, avant la livraison, devait être *in causa usucapiendi*, car il n'a pas pu transmettre à l'acheteur des droits plus étendus que le sien ; 2° l'acheteur doit être de bonne foi au moment de la vente et au début de la possession, sinon il ne posséderait pas *ad usucapionem*.

Deux hypothèses peuvent se présenter, suivant que l'acheteur a usucapé ou n'a pas usucapé *pendente conditione*.

Première hypothèse. — L'acheteur a usucapé. L'acheteur opposera victorieusement la revendication au véritable propriétaire, mais, *inter partes*, le contrat subsiste ; la condition s'accomplissant, comme le contrat résolu ne peut plus produire d'effet, l'acheteur devra retransférer la propriété au vendeur agissant par l'action *venditi*.

Deuxième hypothèse. — L'acheteur n'a pas usucapé. Il faut savoir si la propriété revient ou non, de plein droit, au vendeur à l'arrivée de la condition. Suivant ici le système que nous avons adopté sur cette question, nous dirons :

Dans l'ancien droit, le vendeur pouvait se dire l'ayant cause de l'acheteur, car la propriété ne lui revenant pas *ipso jure*, c'était l'acheteur qui lui rétrocédait ce droit dont il avait été dépouillé du jour de la tradition : la jonction des possessions était donc possible. Cette solution est consacrée par la loi 6, § 1, D., *De divers. temporal.* (XLIV, III), ainsi conçue : « *Vendidi tibi servum, et convenit, ut nisi certa die pecunia soluta esset, inemptus esset : quod cum evenerit, quæsitum est, quid de accessione tui temporis putares? Respondit, id quod servetur, cum redhibitio facta; hunc enim perinde haberi, ac si retrorsus homo mihi venisset : ut scilicet si venditor possessionem postea nactus sit, et hoc ipsum tempus, et quod venditionem præcesserit, et amplius accessio hæc ei detur cum eo, quod apud eum fuit, a quo homo redhibitus sit.* » Africain décide donc qu'à l'arrivée de la condition, les choses se passent comme si une nouvelle vente était intervenue entre les parties. Il en conclut que l'*accessio possessionis* est possible.

A l'époque de Justinien, la propriété revient de plein droit au vendeur : par conséquent la jonction des possessions n'a pas lieu en principe, puisque le vendeur ne tient pas son droit de l'acheteur. C'est là, toutefois, une question d'appréciation pour le vendeur qui peut, s'il le préfère, ne pas se prévaloir de son droit de propriété et agir par l'action *venditi* auquel cas il devient l'ayant cause de l'acheteur comme à l'époque classique : la revendication en effet est un avantage qu'on a voulu lui accorder, il est donc libre d'y renoncer (M. Bufnoir, *loc. cit.*).

2° *Effets à l'égard des tiers.* — Après les développements que nous avons précédemment donnés, il nous reste peu de chose à dire sur ce point.

Tant que la propriété ne put pas être transférée *ad tempus*, les tiers étaient pleinement protégés ; l'acheteur, propriétaire incommutable, leur transférait des droits réels qui n'étaient pas soumis à une résolution possible en cas de non-payement du prix : la *lex commissoria* ne leur causait donc aucun préjudice puisqu'elle ne créait de liens qu'entre le vendeur et l'acheteur.

Mais à l'époque de Justinien il en était tout autrement. La résolution des droits des tiers ayants cause de l'acheteur était la conséquence nécessaire de la résolution du droit de leur auteur : ils devaient donc souffrir des suites de la *lex commissoria*. Quant aux ayants cause du vendeur, leurs droits subsistaient, si l'on admet la rétroactivité de la condition : d'après l'opinion

que nous avons admise, au contraire, ils s'évanouis-
saient comme ayant été consentis *a non domino.*

Supposons maintenant la condition résolutoire défaillie. La vente produira tous les effets d'une vente
pure et simple.

B. *Lex commissoria suspensive.*

1° *La condition s'accomplit.* — La vente est pure et
simple à partir de l'avènement de la condition. Donc,
si le vendeur était propriétaire, l'acheteur le devient;
si le vendeur n'était pas propriétaire, l'acheteur à partir de ce moment est possesseur *ad usucapionem* (L. 2,
§ 2, D., *Pro empt.*, XLI, IV); il peut exiger la tradition
de la chose, si elle ne lui avait pas été faite *pendente
conditione.* Quant aux tiers, ceux qui ont traité avec
l'acheteur voient leurs droits résolus, car l'acheteur
n'est pas devenu rétroactivement propriétaire; ceux
qui ont traité avec le vendeur voient leurs droits anéantis, car le vendeur n'a pas pu transférer plus de droits
qu'il n'en avait.

2° *La condition est défaillie.* — La vente n'ayant jamais existé n'a pu produire aucun effet.

Combinaison du précaire et de la lex commissoria. —
La clause de précaire pouvait se combiner utilement
avec la *lex commissoria.* Nous savons que pendant longtemps la *lex commissoria* n'eut pas pour effet de retransférer *ipso jure* la propriété au vendeur. En insé-
rant au contrat une clause de précaire, le vendeur
retenait la propriété de la chose, et, si le prix n'était

pas payé, il pouvait revendiquer contre les tiers. De plus, contre l'acheteur, il avait l'interdit *de precario* qui était un moyen facile de rentrer en possession. Dans ces conditions, la *lex commissoria* se réalisant, ne produisait plus qu'un effet : l'extinction des obligations nées de la vente.

DROIT FRANÇAIS

DE LA RÉSOLUTION DE LA VENTE POUR DÉFAUT DE PAYEMENT

ANCIEN DROIT

Deux traits saillants distinguent, relativement aux droits du vendeur, la législation romaine de la nôtre. En premier lieu le privilège, qui était refusé à Rome, est accordé par les articles 2102 et 2103 du Code civil. En deuxième lieu, la *lex commissoria* devait faire l'objet d'une manifestation expresse de la volonté des pactes, tandis que chez nous le pacte commissoire est sous-entendu par la loi. La résolution fera l'objet plus particulier de cette étude. Quant au privilège, dont nous n'aurons à nous occuper qu'accessoirement, nous devons cependant rechercher comment il prit naissance dans l'ancien droit.

Pays de droit écrit.—M. G. Demante (*Revue crit.*, 1854,

t. IV) a démontré que l'origine du privilège se trouvait
dans la clause de précaire. Nous avons vu, en droit
romain, comment le vendeur pouvait, tout en faisant
tradition, et en accordant à l'acheteur des délais pour
le payement, se réserver la propriété de la chose. Une
institution aussi utile au crédit n'était pas destinée à
disparaître, surtout dans les pays où les coutumes furent plus profondément imprégnées de droit romain.
Il suffit, pour s'en convaincre, de consulter la jurisprudence du Parlement de Toulouse (Voir : Catellan,
Arrêts du Parlement de Toulouse, livre VII, chap. V ;
Serres, *Institutions de droit français ;* Simon d'Olive,
Observations sur les questions du droit, livre IV, chapitre X).

Tous ces auteurs constatent que la clause de précaire était entrée dans les habitudes toulousaines en
matière de vente. Bien plus, tandis qu'à Rome le précaire devait faire l'objet d'une convention formelle, il
devint dans les pays de droit écrit d'un usage si fréquent, qu'il pénétra, pour ainsi dire, dans la nature
du contrat de vente, et qu'il n'eût plus besoin d'être
exprimé. « La clause de précaire dit Serres (op. cit.),
est insérée le plus souvent dans les contrats de vente
d'immeubles ; mais, quand même elle serait omise,
elle est toujours sous-entendue, et suppléée. » Cette
dérogation apportée au droit romain par la pratique du
Parlement de Toulouse, reposait sur un motif d'équité
naturelle ; il ne faut pas que le vendeur soit privé tout

à la fois de la chose et du prix ; et l'on ne saurait trouver surprenant que dans un contrat, où la bonne foi joue un si grand rôle, les magistrats aient cru pouvoir réparer l'oubli du vendeur qui a suivi trop légèrement peut-être la foi de l'acheteur.

Au reste, cette différence n'était pas la seule, et le précaire en traversant les siècles s'était quelque peu déformé. Nous savons qu'en droit romain le vendeur avec clause de précaire conservait la propriété de l'objet livré ; à Toulouse, au contraire, la propriété passait à l'acquéreur ; la clause conférait seulement au vendeur une hypothèque spéciale et privilégiée. De cette donnée résultent les conséquences suivantes :

Lorsque le prix n'était pas intégralement payé, à Rome, le vendeur avait l'action en revendication, ce qui le mettait à l'abri de l'insolvabilité de son débiteur, et ce qui le préservait des droits réels consentis par ce dernier depuis la tradition. La revendication présentait, en outre, cet avantage que, si la chose avait augmenté de valeur par cas fortuit, la plus-value profitait au vendeur. — A Toulouse, la situation respective des parties semble tout autre au premier abord. Le vendeur n'a aucun titre qui lui permette de faire opérer la distraction de la chose ; il peut seulement, en cas d'insolvabilité de l'acheteur, saisir le fonds et en faire opérer la vente séparée. Sur le prix provenant de la vente, il se payera de ce qui lui est dû, tant en capital qu'en intérêts, par préférence à tous les autres créanciers de son débiteur. Il en résulte que si la vente produit une somme plus forte que celle qui lui est due, la plus-value ne profitera pas au vendeur, mais bien aux autres créanciers. En sens inverse, si le prix est insuffisant pour le désintéresser, comme son hypothèque est spéciale, il devra subir le concours de tous les créanciers sur le prix des autres biens de l'acheteur, ce qui l'expose à ne pas être rendu indemne.

Une autre différence, non moins certaine, est celle-ci : la charge des risques que le vendeur devait supporter en sa qualité de propriétaire, ne pèse plus sur lui désormais.

Le vendeur, à Rome, demeurant propriétaire, révoquait à son gré la concession qu'il avait accordée, et rentrait ainsi en possession de la chose : voilà encore une faculté qui lui était retirée dans les pays de droit écrit.

A Rome, l'acheteur avait une possession entachée du vice de précarité : il ne pouvait donc songer à acquérir la propriété par le moyen de l'usacapion. Il y a plus : comme il possédait au nom du vendeur, le temps pendant lequel il détenait la chose pouvait profiter au vendeur *non dominus* et lui permettre de compléter l'usucapion commencée avant la délivrance. — A Toulouse, l'acheteur simplement débiteur pouvait prescrire son obligation de payer le prix, comme toute autre obligation, par le laps de temps de trente ans (Castellan, livre VII, chap. V). Ce laps de temps faisait

même présumer le payement du prix (Toulouse,
6 mai 1664).

A Rome, le tiers auquel l'acheteur aurait revendu
la chose avant le payement du prix, opposerait victorieusement au vendeur l'usucapion, s'il est de bonne
foi : il ne succède pas, en effet, au vice de précarité,
qui entachait la possession du premier acheteur
(Serres, op. cit., livre II, tit. VI). — A Toulouse, le
tiers, en prescrivant l'immeuble, dont il a été mis en
possession, l'acquerra franc et quitte de l'hypothèque
privilégiée du vendeur.

Telles sont ces différences. Mais il importe d'observer avec M. Demante, que, dans le fond des choses,
la situation des parties ne s'est pas sensiblement
modifiée.

Remarquons d'abord que, dans les deux législations,
les pouvoirs de l'acheteur sur la chose sont limités par
un droit réel, propriété, ou hypothèque privilègiée qui
existe au profit du vendeur ; et cette restriction attein-
dra aussi bien les tiers que l'acheteur, en vertu du
droit de suite. Ainsi, l'acheteur aliène-t-il la chose,
l'hyothèque-t-il, son ayant cause acheteur ou créancier hypothécaire sera primé par le vendeur demeuré
propriétaire ou créancier privilégié.

En outre, si nous laissons de côté le droit de disposition, nous voyons qu'à Rome, comme dans les pays
de droit écrit, l'acheteur, qui détient la chose, en a la

jouissance pleine et entière, que ce soit à titre de propriétaire, ou à titre de possesseur.

Enfin, si le vendeur moderne reste possesseur, quoi qu'il arrive, le vendeur romain pouvait cesser de l'être, mais pour le redevenir aussitôt. Voici comment: la clause de précaire est ajoutée au contrat de vente sur lequel elle s'appuie et dont elle est l'accessoire de telle sorte que les effets des deux conventions doivent nécessairement se concilier. Sans doute le vendeur, en vertu du précaire, pouvait révoquer la concession qu'il avait faite; mais d'un autre côté, en vertu de la vente, il devait respecter les délais qu'il avait accordés. L'acheteur, en effet, est débiteur à terme, ce qui veut dire que, jusqu'à l'expiration du terme, le défaut de payement du prix ne peut lui être imputé à faute. Aussi, le vendeur s'arme-t-il de son droit de concédant et par le moyen de l'interdit ou de la revendication recouvre-t-il la possession? L'acheteur, à son tour, invoquera le contrat de vente : il arguera de sa qualité d'acheteur, c'est-à-dire de créancier de la chose dont il obtiendra la restitution au moyen de l'action *ex empto* (L. 20, *De prec.*).

Jusqu'ici, nous avons supposé que la clause de précaire avait pour objet un immeuble; et, dans le fait, on pourrait croire que le précaire ne fut pas d'abord admis dans les ventes mobilières. Le peu d'importance des meubles dans la fortune publique, leur valeur « vile et passagère, » les intérêts du commerce, qui reposent sur la

circulation des biens, toutes ces raisons devaient faire
étendre aux pays du Midi la maxime que les meubles
n'ont pas de suite par hypothèque.

Toutefois, on reconnut au vendeur de meubles avec
clause de précaire, un droit de privilège ou de préférence sur les effets ou marchandises vendues et non
payées ; mais ce droit était subordonné à deux conditions : il fallait que les effets se trouvassent encore
entre les mains de l'acheteur, et qu'ils ne fussent
pas confondus avec les autres effets dudit acheteur, de telle sorte qu'on pût les distinguer et les séparer (Serres, livre II, t. 1). « La raison de cette dérogation aux principes qui régissent les meubles, c'était,
dit d'Olive (op. cit.), que les choses vendues n'étant
acquises à l'acheteur que par le payement du prix, le
vendeur en retient le domaine jusqu'à l'effectuel payement. »

On s'en tint là d'abord, et le précaire ne fut pas sup-
pléé par le Parlement de Toulouse, qui voulait éviter que
le commerce ne fut troublé. Plus tard cependant, un
arrêt du 12 septembre 1628 accorda un droit de préférence au vendeur à crédit qui s'est contenté de la foi de
l'acheteur (d'Olive, livre IV, chap. X).

Chose curieuse, le précaire a subsisté de nom dans
les pays de droit écrit. « On emploie constamment
dans la pratique, dit M. Demante (op. cit.), cette locu-
tion : *faire un placement sur précaire.* On entend par là
un placement par subrogation au privilège du ven-

deur. » Cette subrogation au précaire était fort en usage dans l'ancien droit, et Catellan (op. cit., livre V, chap. IV) en étudie les effets et rapporte les décisions du Parlement de Toulouse : on y retrouve à peu près les principes qui régissent la subrogation dans notre droit. C'est aussi en voulant parler de son privilège que le paysan des environs de Toulouse s'exprime ainsi : « J'ai mon précaire. »

Pays de coutume. — Dans les pays de coutume, il n'y avait pas de précaire. Le mot, du moins, n'était pas employé, mais le vendeur avait un privilège, ce qui revenait au même. Pothier (*Traité du domaine*, n° 239) nous apprend que les principes du droit romain sur la vente étaient restés en vigueur ; la tradition ne transférait la propriété à l'acheteur que lorsqu'elle était accompagnée du payement du prix, à moins que le vendeur n'eût suivi la foi de l'acheteur ou ne lui eût accordé un terme.

Partant de là, la coutume de Paris distinguait : la vente a-t-elle été faite sans terme, le vendeur peut poursuivre la chose, en quelques mains qu'elle se trouve (art. 176); c'est l'exercice du droit de propriété. « Et, ajoutait l'art. 177, encore qu'il eût donné terme, si la chose se trouve saisie sur le débiteur par un autre créancier, il peut empêcher la vente, et est préféré sur la chose aux autres créanciers. »

Ainsi l'art. 177 apporte, dans l'intérêt du vendeur, une dérogation au droit romain : il lui accorde un pri-

vilège. Ce privilège est plutôt un simple droit de préférence, car il résulte des termes de l'article que si la
vente est saisie entre les mains d'un tiers ayant cause
du premier acheteur, le vendeur n'est plus préféré : il
n'a donc pas de droit de suite.

L'art. 177 ne parlait que des meubles. Aussi le vendeur d'immeubles n'avait-il aucun privilège. Le Parlement de Paris finit cependant (1er juillet et 15 juillet 1650) par lui reconnaître ce droit, conformément
à la pratique du Parlement de Toulouse. Le témoi-
gnage de Pothier en fait foi : il déclare (*Hyp.*, chap. 1,
sect. I, art. 3) que le vendeur d'un héritage à une hypothèque tacite sur cet héritage pour le prix de ce qui
lui est dû.

Comme on le voit, la situation du vendeur dans les
pays du Nord présentait la plus grande analogie avec
celle qu'il avait dans les pays de droit écrit. Les rédacteurs du Code civil ont fait un pas de plus. Ils ont accordé au vendeur un privilège, garantie plus efficace,
puisque le créacier privilégié prime les créanciers hypothécaires même antérieurs. Mais ce qu'il importe
de remarquer, c'est que le privilège du Code civil a son
origine à Rome dans la clause de précaire (M. Demante).

Au surplus, les rédacteurs n'ont fait que généraliser
ce qui avait été admis à Rome dans un cas particulier.
Nous avons vu que lorsqu'un *argentarius* avait prêté à
un acheteur l'argent dont il avait besoin pour se libé-

rer, Justinien avait décidé que l'*argentarius* aurait de plein droit un privilège sur la chose. Or, n'est-il pas visible que lorsqu'un vendeur accorde un terme, il est presque dans la situation d'un prêteur d'argent puisque, comme ce dernier, il fait crédit à l'acheteur; l'extension du privilège était donc indiquée : le droit moderne a réalisé cette réforme (M. Labbé, à son cours).

Du droit de résolution. — Nous avons vu qu'à Rome, le pacte commissoire n'était jamais sous-entendu. La loi n'intervenait pas entre les parties qui réglaient leurs rapports comme elles l'entendaient; le vendeur devait stipuler que le non-payement du prix serait une clause de résolution du contrat, sinon la vente subsistait. La *lex commissoria* opérait de plein droit en ce sens que, aussitôt le terme arrivé, la commise était encourue : le débiteur ne pouvait plus payer. S'il n'y avait pas eu de terme accordé, nous avons décidé que l'acheteur pouvait s'acquitter jusqu'au moment de la *litis contestatio* ; mais dans les deux cas, l'intervention du juge n'était pas nécessaire ; le juge ne pouvait pas accorder de délai de grâce.

Dans l'ancien droit, il faut distinguer entre les pays de droit écrit et les pays de coutume.

Dans les pays de droit écrit, le droit romain reste en vigueur. Le pacte commissoire doit être exprès; s'il n'est pas intervenu de convention, le défaut de payement du prix n'entraîne pas la déchéance de l'acheteur. Y a-t-il eu convention? La résolution est encourue sans jugement ; enfin, comme à Rome, le pacte n'engendre de droit qu'au profit du vendeur qui peut seul l'invoquer. Le pacte commissoire, dans le ressort du Parlement de Toulouse, prenait le nom de précaire (d'Olive, op. cit.).

Les mêmes principes furent d'abord admis dans les pays de coutume ; tel est, du moins, l'avis de Pothier (*Vente*, n° 475). Mais Pothier ajoute que la jurisprudence s'est modifiée à cet égard, et il en donne la raison : D'après les principes du droit romain, le vendeur n'avait qu'une ressource, l'exécution forcée. Or, l'insuffisance de ce moyen apparaissait clairement. Qu'on suppose l'acheteur insolvable, le vendeur aura fait en pure perte les frais d'une procédure coûteuse. N'est-il pas juste, en pareil cas, d'autoriser le vendeur à reprendre l'objet livré ? Quant aux tiers, peuvent-ils sérieusement se plaindre de ce que le vendeur retire du patrimoine de leur débiteur l'objet qu'il y avait mis ? Remarquons d'ailleurs que le préteur romain qui s'efforçait de faire prévaloir l'équité sur la rigueur des principes, avait admis cette règle dans les contrats innomés. C'est donc bien un motif d'équité qui a donné naissance au pacte commissoire tacite de l'ancien droit.

Les obligations de l'acheteur eurent, dès lors, une sanction énergique. Refusait-il, ou ne pouvait-il payer son prix ? Le vendeur demandait la résolution du contrat sans avoir à prouver autre chose que l'inexécution.

Seulement, la déchéance n'était pas immédiatement prononcée par le juge; deux sentences étaient prononcées. La première, purement comminatoire, était un avertissement donné au débiteur d'avoir à payer dans un certain délai qui était fixé; la deuxième était rendue à l'expiration du temps, faute par l'acheteur de n'avoir pas payé; elle déclarait la vente résolue, et permettait au vendeur de rentrer en possession de sa chose. Encore, cette deuxième sentence, toute définitive qu'elle était, ne frappait pas l'acheteur sans retour, et celui-ci pouvait empêcher la résolution en interjetant appel et en offrant son dû pendant l'instance d'appel (Pothier, op. cit.).

Ainsi la législation nouvelle, tout en protégeant plus sérieusement les intérêts du vendeur, montrait de grands ménagements envers l'acheteur malheureux. Les mêmes idées de commisération s'introduisirent dans le pacte commissoire exprès qu'elles modifièrent. Même après l'admission du pacte commissoire tacite, le pacte commissoire exprès était resté en vigueur dans les pays de droit coutumier; mais alors qu'à Rome il opérait de plein droit la résolution de la vente, une sentence fut exigée; la clause était donc seulement comminatoire, et, même après l'expiration du terme, tant que la sentence n'avait pas été rendue, l'acheteur pouvait éviter la résolution en offrant son prix (Pothier, *Vente*, n° 601). « Les clauses résolutoires, dit Domat (*Lois civiles*, liv. Ier, sect. XII, n° 12), à défaut de payement au terme, ou d'exécuter quelque autre convention, n'ont pas l'effet de résoudre d'abord la vente par le défaut d'y satisfaire ; mais on accorde un délai pour ce qui a été promis. »

En résumé, dans les pays de droit écrit, les conditions de la résolution restèrent ce qu'elles étaient à Rome. Dans les pays coutumiers, le pacte tacite prit naissance et les effets du pacte exprès furent adoucis au profit de l'acheteur.

DROIT MODERNE

Nous diviserons cette étude sur la résolution dans le droit moderne en six chapitres :

Chapitre I. Du caractère de la résolution.

Chapitre II. Comment s'opère la résolution.

Chapitre III. Exercice de l'action en résolution.

Chapitre IV. Nature de l'action en résolution.

Chapitre V. Effets de la résolution accomplie.

Chapitre VI. Extinction de l'action en résolution.

Chapitre VII. De la folle enchère.

CHAPITRE PREMIER

DU CARACTÈRE DE LA RÉSOLUTION

Le résolution de la vente pour défaut de payement du prix procède dans notre droit de la convention des

7

parties ou de la loi. Les parties, d'abord, peuvent stipuler un pacte commissoire ; ce point avait été admis
à Rome, puis dans l'ancien droit, et l'on doit reconnaître la validité de cette convention, qui ne blesse en
aucune façon l'ordre public, dans notre législation, où
la convention fait la loi des parties (art. 1134). Il pourra
donc être stipulé, lors du contrat, que, faute de payement du prix dans le terme convenu, la vente sera
résolue de plein droit (art. 1656). Mais en l'absence
d'une stipulation expresse, les législateurs du Code
civil ont cru pouvoir suppléer à la négligence des
parties : ils ont consacré la condition résolutoire tacite
(art. 1654) ; ils ne faisaient, en cela, que suivre les er-
rements de l'ancien droit.

L'art. 1654 est l'application à la vente du principe
posé dans l'art. 1184. A notre avis, l'art. 1184 énonce
une règle de droit commun, qu'on aurait tort de restreindre aux contrats synallagmatiques parfaits. Nous
savons, en effet, que Pothier assigne à cette disposition un motif d'équité : « Il est juste, dit-il, de soustraire le créancier aux embarras d'une poursuite coûteuse, le résultat obtenu n'étant pas souvent en rapport
avec les frais déboursés. » Si tel est le motif, on ne voit
pas pourquoi le créancier serait moins digne d'intérêt
dans les contrats unilatéraux que dans les contrats synallagmatiques. Tel est d'ailleurs l'esprit du Code, qui
consacre dans l'art. 2082, en cas de gage, dans l'article 954 au cas de donation avec charge, le droit du

créancier. On objecte, il est vrai, la rédaction de l'article 1184 ; mais, remarquons que les rédacteurs ont copié cette disposition dans les œuvres de Pothier. Or Pothier (*Oblig.*, n° 672), présentait la résolution comme une cause d'extinction de l'obligation qui incombait à la partie au profit de laquelle l'obligation n'a pas été exécutée ; il ne pouvait donc parler que des contrats synallagmatiques, puisque dans les contrats unilatéraux une partie seulement est tenue. Ajoutons que les mots *contrats synallagmatiques* qui se trouvent dans le texte, ont dû être employés comme synonymes des mots *contrats à titre onéreux* : cette confusion existe aussi dans les art. 1102 et 1106 : on peut donc dire que tout contrat à titre onéreux, synallagmatique ou unilatéral, doit être résolu conformément au texte, toutes les fois que l'une des parties se dérobe à ses engagements.

Revenons à l'art. 1654. Au motif d'équité qui le régit on peut ajouter cette considération que le vendeur veut avoir la chose ou le prix. C'est donc une interprétation de la volonté des parties : d'où il suit que celles-ci peuvent invoquer l'art. 1654 ou y renoncer et s'en tenir à la résolution qu'elles auraient stipulée.

L'art. 1654 a une portée générale : il s'applique aux ventes mobilières comme aux ventes immobilières. On a pourtant soutenu que l'art. 2102 - 4° apportait une dérogation à l'art. 1654, en matière de meubles. Aux termes de cet article, le vendeur a un droit de revendi-

cation subordonné à quatre conditions : 1° Que la vente
ait été faite sans terme ; 2° que les effets soient restés
en la possession de l'acheteur ; 3° que la revendication
soit faite dans la huitaine ; 4° que les effets se trouvent
dans le même état. La revendication, a-t-on dit, est
une forme particulière sous laquelle en matière de
meubles s'exerce l'action résolutoire. On a opposé à
cette théorie qu'elle préjudicie sans motifs suffisants
aux intérêts du vendeur de meubles en limitant son
droit par les quatre conditions de l'article. Aussi,
MM. Vuatrin et Valette ont-ils donné une autre explication de l'article qui est admise aujourd'hui par
la doctrine. Il ne s'agit pas de résolution : revendication signifie ici reprise de la détention ; de
même que le bailleur peut revendiquer la possession des objets, qui, garnissant les lieux loués,
ont été déplacés sans son consentement, de même le
vendeur peut reprendre la chose et se remettre en
possession, lorsqu'il s'aperçoit qu'il s'est dessaisi un
peu légèrement. Les quatre conditions s'expliquent
alors aisément. 1° Il faut que la vente soit faite sans
terme, parce que le droit de rétention n'existe que
dans les ventes au comptant ; 2° la revendication
doit être exercée dans la huitaine, car, passé ce temps,
il est naturel de supposer que le vendeur a renoncé à
son droit de rétention ; 3° il faut que la chose se trouve
encore en la possession de l'acheteur, sinon il serait
repoussé en vertu de l'art. 2279 ; 4° il faut que la chose

soit restée dans le même état, parce que la revendication a pour but de remettre les parties dans l'état où
elles étaient avant la délivrance. Ainsi l'art. 2102 ne
déroge pas à l'art. 1654 et le vendeur de meuble,
aussi bien que le vendeur d'immeuble a l'action en
résolution.

L'art. 1654 s'applique dans le cas de licitation d'une
chose indivise, si l'adjudicataire est un étranger, car
alors la licitation est une vente.

Il s'applique avec quelques modifications dans le cas
de vente judiciaire, sous le nom de folle enchère; si
l'adjudicataire n'exécute pas les clauses que lui impose
l'adjudication, et en particulier, s'il ne paye pas le
prix, l'immeuble est remis aux enchères (art. 733 et
suiv., Code de proc.). C'est donc bien une résolution
de l'adjudication pour défaut de payement de prix.
(Nous reviendrons sur la folle enchère au chap. VII).

Il en serait de même dans le cas d'échange, si l'une
des parties se trouvait créancière d'une soulte. La
soulte, en effet, est le prix de la vente d'une portion de
l'immeuble.

Mais l'article ne serait pas applicable dans le cas de
vente d'office. Le titulaire actuel, une fois son succes-
seur présenté à l'autorité, n'a plus aucun droit sur la
chose vendue : il n'a plus qu'un privilège sur le prix.

Nous appliquerons aussi l'art. 1654 aux ventes commerciales, qu'il s'agisse de meubles ou d'immeubles.
Une question, toutefois, s'élève en cas de faillite. L'arti-

cle 550 du Code de commerce, supposant une vente
mobilière faite à un commerçant failli, refuse au vendeur le privilège et la revendication de l'art. 2102 - 4°
On s'est demandé ce que le législateur a entendu
dire par le mot *revendication*.

La première idée qui vient à l'esprit est qu'il s'agit
ici de la reprise de la possession : tel est en effet le
sens que nous avons assigné à ce mot dans l'article 2102-4°, auquel renvoie l'art. 550 du Code de commerce. En conséquence, le vendeur de meubles, en
cas de faillite conserverait le droit de résolution. Mais
je crois que *revendication* dans l'art. 450 a le sens de
résolution. La loi de 1838 sur les faillites a eu pour but
de donner au crédit des bases solides et de venir au secours des créanciers : « Le principe fondamental de
l'article, a dit M. Renouard, à la Chambre des députés,
est que la possession d'objets mobiliers par un négo-
ciant est l'un des éléments de solvabilité apparente par
lesquels son crédit s'établit, et sur la foi duquel les
tiers contractent. » Qu'on suppose la faillite de l'acheteur, si l'on permet au vendeur d'invoquer un droit de
préférence, les tiers vont se trouver en perte sans qu'il
y ait faute de leur part. Voilà pourquoi l'art. 550 en-
lève au vendeur son privilège. Or, ne serait-il pas
ridicule de lui laisser le droit de résolution, qui est bien
plus dangereux encore pour les autres créanciers ? S'il
en était ainsi, il faudrait reconnaître que le législateur
de 1838 a très mal atteint le but qu'il s'était proposé.

Il n'est pas surprenant, d'ailleurs, que le mot revendication ait une signification différente en droit commercial de celle qu'il a en droit civil, car, en 1838, l'explication de MM. Vuatrin et Valette n'était pas encore connue.

On a encore objecté que le mot se retrouve dans l'art. 576, où il fait allusion à la résolution : en effet l'art. 576-3° dit que le vendeur devra rembourser à la masse les acomptes par lui reçus. Si, d'une part, l'article 576 s'occupe de la résolution en la restreignant, et si, d'autre part, l'art. 550 supprime la revendication, on arrive, dit-on, à cette conclusion que l'art. 550 ne peut faire allusion à la résolution.

On peut répondre, je crois, que le mot revendication a le même sens dans l'art. 550 et dans l'art. 576. Outre qu'il serait singulier que le même mot, revendication, eût deux sens différents dans des articles aussi rapprochés, il est facile de voir que les hypothèses sont distinctes, ce qui explique que la résolution soit restreinte dans un cas et supprimée dans l'autre. Le Code de commerce prévoit trois hypothèses : 1° L'article 577 suppose que les marchandises n'ont pas encore été expédiées au moment de la faillite, et il accorde au vendeur un droit de rétention ; 2° l'article 576, prévoyant le cas où les marchandises sont encore en route au moment de la faillite, accorde au vendeur le droit de revendiquer les marchandises sous certaines conditions ; 3° l'art. 550 suppose que les marchandises sont arrivées chez l'acheteur avant la faillite ; le vendeur perd alors tout droit de revendication, c'est-à-dire de résolution (M. Rataud, à son cours).

Sans vouloir étudier l'art. 576 en détail, remarquons deux dérogations qu'il apporte à l'art. 1654 : 1° Nous verrons que le vendeur, qui demande la résolution pour défaut de payement du prix, peut obtenir en outre des dommages et intérêts. Ici, non seulement il n'a pas droit à des dommages et intérêts, mais il doit rembourser à la masse tous les frais occasionnés par la vente, et que le failli a payés : ainsi il n'est pas rendu complètement indemne. Cette dérogation est une concession qui a été faite en 1838 aux adversaires de l'art. 576. Ils refusaient d'accorder au vendeur la revendication, lorsque les marchandises sont en route , car, disaient-ils, dès que le vendeur a remis les marchandises au voiturier, il n'est plus propriétaire. On maintient le droit de revendication, en admettant qu'il était ainsi improprement appelé et en se fondant sur ce que le motif de l'art. 550 n'existait plus. Mais, par égard pour les partisans du premier système, on imposa cette condition au revendiquant.

2° Aux termes de l'art. 578 les syndics auront la faculté d'exiger la livraison des marchandises en payant au vendeur le prix convenu entre lui et le failli. C'est encore une concession aux adversaires de l'art. 576. Cette décision est très désavantageuse pour le vendeur,

car le syndic invoquera, ou non, l'art. 578 suivant que
le cours sera en hausse ou en baisse, et le vendeur dans
ce dernier cas ne pourra pas demander des dommages
et intérêts (M. Rataud).

L'art. 550 a une portée générale : il s'applique aux
meubles incorporels, comme aux meubles corporels.
On avait proposé d'excepter les fonds de commerce et
autres meubles incorporels, lorsque le vendeur aurait
fait une réserve formelle à cet égard ; mais cette proposition fut repoussée. C'était le cas, en effet, où la
prohibition avait le plus d'intérêt. Il ne peut pas venir
à l'idée des tiers qui traitent avec un marchand que ce
marchand n'est pas devenu propriétaire de son fonds
de commerce : eussent-ils des doutes, ils ne peuvent
facilement se faire représenter le titre qui constate
l'achat; il fallait donc écarter absolument la résolution, sous peine d'exposer la bonne foi publique à des
déceptions (Renouard, *Des faillites*).

Il arrive souvent que le marchand cède son bail en
même temps que son commerce. Appliquerons-nous
l'art. 550 à la cession du bail ?

La jurisprudence a décidé, et avec raison croyons-
nous, que le vendeur ne peut dans ce cas demander la
résiliation de la cession du bail (Paris, 21 juillet 1842 ;
le *Droit*, 16 août 1842) ; ce serait, en effet, un moyen
indirect pour le vendeur d'arriver à la résolution de la
vente et de tourner ainsi la disposition prohibitive de
l'art. 550. Qu'on suppose le vendeur admis à entrer

en possession des lieux loués, les créanciers vont se trouver dans l'impossibilité d'exploiter le fonds de commerce, car il est fort probable que la clientèle ne les suivra pas dans le nouveau local, souvent fort éloigné du premier, où ils installeront leurs marchandises. L'art. 550 du Code de commerce, d'ailleurs, ne distingue pas, et, comme nous l'avons vu, sa portée s'étend aux meubles incorporels comme les fonds de commerce.

La même solution a été admise, et pour le même motif par la Cour de Paris, 12 décembre 1850 (Dal., 1851, 2, 62) dans l'espèce suivante. Une personne avait vendu son fonds de commerce, et, dans le contrat, il avait été stipulé que le vendeur s'interdisait l'exercice du même commerce. L'acheteur ayant fait faillite, le vendeur crut pouvoir fonder un établissement pareil, dans la confiance que cette partie de la stipulation était non avenue par suite de l'inexécution causée par la faillite. Il soutint en appel que l'interdiction, contenue dans le contrat de vente, ne devait pas être réputée faire partie de la vente, que c'était une chose distincte échappant aux termes de l'art. 550. Mais la Cour lui donna tort, attendu que l'interdiction qu'il s'était imposée de ne plus exercer le même état était de sa part l'aliénation d'un droit incorporel, c'est-à-dire, que l'art. 550 était applicable; et que cette interdiction, loin d'être distincte de la vente, en était un accessoire important : le vendeur n'était donc pas plus fondé à en demander la résolution, qu'à revendiquer le fonds lui-même.

CHAPITRE II

COMMENT S'OPÈRE LA RÉSOLUTION

Il faut ici faire une distinction entre le pacte commissoire tacite et le pacte commissoire exprès.

Pacte commissoire tacite. — Supposons d'abord qu'aucune stipulation n'est intervenue. En pareil cas, l'art. 1654 déclare que le vendeur peut demander la résolution de la vente. Il résulte de ce texte deux choses : la première, c'est que la résolution n'a pas lieu de plein droit ; la deuxième, c'est que le vendeur a un droit d'option. Reprenons successivement ces deux idées.

Le vendeur doit demander la résolution en justice. Nous trouvons ici l'application du principe général posé dans l'art. 1184. L'équité qui commande de prononcer la résolution au profit du vendeur, lorsque l'acheteur est véritablement en faute, exige aussi qu'on ne frappe le défendeur de déchéance, que lorsqu'il est indigne de toute indulgence. Il y a donc à examiner des questions de fait, et cet examen nécessite l'intervention des juges.

L'action en justice doit-elle être précédée d'une mise en demeure? Nous ne le pensons pas. On a soutenu le contraire, en se fondant sur ce que l'action en résolution était une action en dommages et intérêts. Mais cette assertion est démentie par les termes mêmes de l'art. 1184. L'article ne dit pas que le créancier peut demander la résolution, *c'est-à-dire* des dommages et intérêts mais la résolution *avec* dommages et intérêts : la résolution et les dommages et intérêts sont deux choses distinctes. Dans ces conditions, nous ne voyons pas quel intérêt il y aurait à imposer la nécessité d'une mise en demeure en présence de la citation en justice.

Les tribunaux saisis ont la plus grande latitude. Ils peuvent rejeter la demande en résolution, ou l'admettre en accordant au défendeur pour se libérer un délai plus ou moins long *selon les circonstances*. « Le délai tend à venir au secours de celui que des circonstances malheureuses ont empêché de remplir à jour fixe les engagements qu'il a contractés » (*Rapport au Tribunat*, Locré, VI, p.197). Les art. 1184 et 1655 évitent à dessein de préciser quelles sont ces circonstances, préférant s'en remettre pour chaque espèce à la prudence *des magistrats*.

Les tribunaux pourraient aussi, tout en accordant un délai, prononcer immédiatement la résolution qui serait alors conditionnelle, subordonnée au non-payement du prix dans le temps fixé.

Le juge, le premier délai expiré, ne pourrait en accorder un second. En effet, l'art. 1184 décide qu'il peut être accordé un délai : il exclut donc la possibilité de délais successifs. L'art. 1655 n'est pas moins formel : « Ce délai passé sans que l'acquéreur ait payé, la résolution de la vente sera prononcée. » Enfin les travaux préparatoires sont encore plus explicites. Voici comment s'exprime sur ce point le tribun Grenier : « La seule circonstance de l'expiration du délai consomme le droit du vendeur à la chose, et la résolution de la vente devient forcée. Le juge n'a qu'à prononcer que ce droit est acquis. »

Cette disposition se justifie facilement par la raison que les droits du vendeur ne doivent pas être indéfiniment suspendus : les juges, d'ailleurs, en accordant le délai ont dû apprécier le temps qui était nécessaire à l'acheteur pour faire face à ses engagements ; la perspective d'une prolongation aurait pour effet d'encourager la négligence de l'acheteur.

La loi qui ne détermine pas dans quel cas les juges peuvent accorder un délai, est plus précise lorsqu'il s'agit de le refuser. Toutes les fois que le vendeur est en danger de perdre la chose et le prix, la résolution de la vente d'immeubles est prononcée de suite (art. 1655). C'est une prescription formelle à laquelle les tribunaux ne peuvent déroger. Ainsi les affaires de l'acheteur sont-elles embarrassées, prévoit-on la possibilité d'une déconfiture et en même temps l'acheteur fait-il des coupes extraordinaires, ou démolit-il les bâtiments afin d'en vendre les matériaux ? Dans ces différentes hypothèses, la résolution devient obligatoire pour le juge.

Bien que la résolution ait été prononcée, l'acheteur pourra-t-il cependant, s'il interjette appel, payer encore malgré la volonté du créancier ? On admettait l'affirmative dans l'ancien droit, et cette opinion est encore admise aujourd'hui ; en effet, l'appel remet en question la chose jugée en première instance. « L'appel anéantit le jugement de première instance, dit Laurent (art. 1184), le contrat conserve donc sa force. »

La résolution pourrait-elle résulter d'un accord intervenu entre les parties ? Cette question est de nature à se présenter souvent dans la pratique. Un acheteur, désireux d'éviter les frais d'une résolution judiciaire, propose à son vendeur de résoudre la vente à l'amiable ; celui-ci accepte. La convention qui intervient a-t-elle les effets d'une vente prononcée en justice, ou n'est-ce qu'une revente, une rétrocession ?

Inter partes, il n'est pas douteux que la résolution ne soit valable ; les parties sont libres de régler et de modifier leurs rapports comme elles l'entendent (art. 1134).

Mais la résolution est-elle opposable aux tiers ? On voit l'intérêt de la question à l'égard des tiers auxquels l'acheteur, avant la résolution, a conféré des droits **réels : si la** convention est une résolution, les droits

tombent; si c'est une rétrocession, ils sont maintenus.

On a nié que la résolution leur fût opposable, en se
fondant sur les art. 1184 et 1654, dont le texte exige-
rait que la résolution fût prononcée en justice. Les parties ne peuvent pas, dit-on, par une résolution amiable,
priver les tiers intéressés au maintien de la vente des
garanties qu'ils auraient trouvées dans le débat judiciaire exigé par l'art. 1184. La fraude, en effet, est à
redouter, et si la résolution consensuelle entraînait avec
elle la résolution des hypothèques, il serait trop facile
de produire cette cause nécessaire : l'acheteur ne
payerait pas le prix. Il faut donc que les tiers puissent
intervenir au procès, afin d'obtenir un délai pour leur
auteur ou de désintéresser le vendeur, si tel est leur
intérêt (Nevers, 1er décembre 1852; Sir., 1853, 2, article 441 ; Dur., XVI, n° 387). On ajoute enfin que dans
le cas de résolution conventionnelle, le tiers a été prévenu par la lecture du titre de vente. Ici, au contraire,
aucune clause n'étant intervenue, le tiers n'a pu prévoir,
en lisant le titre, le danger qu'il courait en prêtant sur
un immeuble non payé.

Cette opinion ne nous semble pas exacte. L'ancien
droit autorisait déjà les résolutions amiables: elles
étaient possibles tant qu'il n'y avait pas eu d'exécution
de part et d'autre, par conséquent tant que le prix de
la vente était dû (Pothier, *Vente*, n° 236). Le Code civil
ayant gardé le silence sur ce point, ne sommes-nous

pas fondé à dire qu'il a accepté la décision de l'ancien droit ? L'art. 1184 ne contredit pas cette présomption : « La résolution doit être demandée en justice, » dit-il ; il entend par ces mots que la résolution n'aura pas lieu de plein droit, malgré le débiteur, à l'expiration du terme ; or, ici, loin de repousser la résolution, l'acheteur déclare l'accepter. L'art. 1184 n'est donc pas exclusif d'une résolution contractuelle. Il faut recourir aux juges, sans doute, lorsque la résolution est contestée par l'acheteur, mais dès que les parties sont d'accord, aucun principe n'impose au vendeur l'obligation de recourir aux voies judiciaires. L'intervention de la justice, remarquons-le, est une mesure de protection exigée par la loi en faveur de l'acheteur qui peut y renoncer : on ne peut l'obliger à plaider ; il peut s'il le préfère acquiescer à la demande formée contre lui ; la loi, lorsqu'elle veut empêcher un accord des parties, le dit formellement, et nous en voyons un exemple en cas de séparation de biens (art. 1443 - 2°). Lors donc que les parties sont d'accord pour éviter des frais inutiles, pourquoi les leur imposerait-on ? — On parle de concerts frauduleux qui pourront intervenir au préjudice des tiers. Mais de deux choses l'une : ou les tiers démontreront que les ressources de l'acheteur suffisaient à désintéresser le vendeur, et la convention ne leur sera pas opposable ; ou ils ne le démontreront pas, et la résolution doit produire ses effets contre eux

(Rej., 10 mars 1836, Sir., 1836, 1,367; Bourges, 11 décembre 1865; Sir., 1865, 2,368).

Nous avons dit que le vendeur avait un droit d'option. L'art. 1654 accorde au vendeur la faculté de faire résoudre le contrat; mais il ne lui retire pas le droit d'en poursuivre l'exécution. Son choix ayant été fait, peut-il varier?

Nous admettons que si le vendeur a demandé d'abord la résolution, il n'a pas renoncé au droit d'exiger l'exécution: s'il demande la résolution, ce n'est pas parce qu'il ne veut pas que le prix lui soit payé, c'est parce qu'il ne peut pas se faire payer. C'est son droit essentiel, celui pour lequel il a contracté. Bien plus, tout en demandant la résolution, il n'a pas cessé de demander le payement; la preuve c'est que l'acheteur peut répondre à l'action en résolution en payant le prix au vendeur. Pourquoi lui refuser le droit de poursuivre l'exécution, si, pendant l'instance, l'acheteur est revenu à meilleure fortune, s'il a recueilli un héritage, par exemple? (MM. Demolombe, t. XXV, n° 531; Laurent, t. XVII, n° 139).

Réciproquement, le vendeur, qui agit d'abord en payement du prix, peut-il abandonner ses conclusions primitives et conclure à fin de résolution? Cette question sera étudiée au chapitre VI.

Nous étendons l'art. 1655 aux meubles: s'il ne parle que d'immeubles. c'est que le vendeur de meubles sera presque toujours en danger de perdre la chose et le prix ; en effet, l'acheteur peut revendre le meuble à un acquéreur de bonne foi, de sorte que si le vendeur, la résolution étant prononcée, voulait reprendre l'objet livré, il serait repoussé par le tiers en vertu de la maxime : en fait de meubles la possession vaut titre (art. 2279).

Nous verrons que le prix peut consister en une rente perpétuelle. D'après l'art. 1912, le vendeur crédirentier d'une rente constituée en perpétuel, peut agir en résolution, c'est-à-dire contraindre le débiteur au rachat, si ce dernier cesse de remplir ses obligations pendant deux années. On peut se demander s'il s'agit ici d'une résolution fondée sur l'art. 1184, ou, au contraire, s'il s'agit d'une résolution *sui generis* ayant lieu de plein droit, sans sommation. Dans le premier cas, le juge n'est pas obligé de prononcer la résolution, et peut accorder un délai à l'acheteur pour le payement de ses arrérages. Dans le deuxième cas, le juge n'a qu'à constater le défaut de payement : il peut sans doute, aux termes de l'art. 1244, accorder un délai pour la restitution du capital ; mais il ne peut pas en accorder pour le payement des arrérages ; si le débiteur acheteur est en retard de deux années, le tribunal doit ordonner le remboursement du capital.

On a soutenu la seconde opinion, en prétextant que l'art. 1912 a moins pour but de prononcer la résolution du contrat de vente, que de relever le créancier de la renonciation conditionnelle, par lui faite à la faculté d'exiger le remboursement (Aubry et Rau, IV, p. 616). — Mais, comme nous avons cherché à le démontrer au chapitre premier, le pacte commissoire tacite (art. 1184) s'adapte aussi bien aux contrats unilatéraux qu'aux contrats synallagmatiques : nous devons donc l'appliquer à moins de dérogations formelles. L'art. 1912, y déroge bien en ce sens, que le défaut d'exécution du contrat n'amène la résolution que lorsque l'inaccomplissement s'est prolongé pendant deux années : mais ce serait étendre l'exception que de supposer que l'article déroge aussi au principe *dies non interpellat prohomine*, principe que pose l'art. 1139 et que répète l'art. 1184. Telle est l'explication qui nous semble la plus plausible de l'art. 1912. Si l'on soutient qu'il n'a pas pour but de prononcer la résolution du contrat de rente, nous répondrons qu'on arrive à une conséquence absurde, à savoir : que le débi-rentier pourra être contraint au rachat s'il cesse de remplir ses obligations pendant deux années (art. 1912), et que cependant il pourra y être contraint au bout d'une année (art. 1184). Je crois donc qu'il est préférable de considérer l'art. 1912 comme une dérogation à l'art. 1184.

Pacte commissoire exprès. — On peut concevoir différentes conventions sur la résolution de la vente au cas de non-payement du prix.

Première hypothèse. — Les parties conviennent que

la vente sera résolue si l'acheteurne paye pas son prix.
Cette convention n'est autre chose que l'insertion dans
le contrat du pacte commisoire tacite. Il est donc naturel de décider que les effets seront les mêmes que
ceux qui sont écrits dans l'art. 1184 : ainsi le non-
payement ouvre un droit d'option au profit du vendeur, qui doit seulement s'adresser aux tribunaux s'il
veut faire prononcer la résolution.

On a soutenu cependant (Toullier, VI, 555 ; Troplong, n° 61) que, dans notre hypothèse, la résolution
a lieu de plein droit : « La clause résolutoire est expresse, dit Troplong ; le juge ne peut vérifier les causes du retard et accorder une prorogation de délai. »
De l'art. 1183 il résulte que, dans le cas de condition
résolutoire expresse, la résolution a lieu de plein droit ;
et l'art. 1184 ajoute : « La condition résolutoire est
toujours sous-entendue... » Il s'agit donc dans cet article uniquement de la condition résolutoire tacite.
L'article continue ainsi : « *Dans ce cas* le contrat n'est
pas résolu de plein droit. » Donc, lorsque la condition
résolutoire n'est pas tacite, et c'est notre hypothèse,
nous rentrons dans le principe général de l'art. 1183 et
la résolution a lieu de plein droit.

Cette interprétation conduirait à un résultat singulier. Comment comprendrait-on que la loi attachât plus
d'efficacité à la volonté exprimée des parties qu'à leur
volonté légalement présumée? Il serait bizarre que les
effets d'une disposition identique soient différents

selon que c'est la loi ou les parties qui ont parlé (Aubry et Rau, IV, § 302), — D'aileurs on peut répondre
à l'argument du texte que les art. 1183 et 1184 ne visent pas la même hypothèse : l'art. 1183 s'occupe de
la condition résolutoire en général, l'art. 1184 fait allusion à une condition résolutoire particulière, le pacte
commissoire ; aussi ces mots « *dans ce cas* » doivent-
ils être traduits ainsi : « Dans le cas de pacte commissoire, exprès ou tacite, peu importe. » — Il ne faut pas
non plus oublier que si, dans le cas de pacte commissoire tacite, le vendeur peut demander la résolution, il peut aussi contraindre l'acheteur à l'exécution
du contrat ; et de ces deux droits le dernier est bien le
plus important. Peut-on, dès lors, supposer facilement que le vendeur y renonce? Evidemment non ; et si
nous avons à interpréter la volonté des parties, nous
devrons décider que le vendeur n'a pas abdiqué une
garantie aussi sérieuse pour lui. C'est pourtant à cette
solution qu'aboutit le système de nos adversaires ; car,
dans le cas de condition résolutoire expresse, la résolution étant encourue de plein droit, le créancier ne
peut plus demander l'exécution du contrat. — Les
travaux préparatoires enfin, démentent l'assertion de
Troplong. Voici comment s'exprimait Bigot-Préame-
neu sur l'art. 1184 dans son exposé des motifs au
Corps législatif : « Lors même que la condition résolutoire serait formellement stipulée, il faudrait toujours
constater l'inexécution, en vérifier les causes, les dis-

tinguer d'un simple retard ; et dans l'examen de ces causes, il peut en être de si favorables que le juge se trouve forcé par l'équité à accorder un délai » (Locré, t. XII, n° 70.) L'intervention du juge est donc exigée.

Recherche-t-on maintenant quelle pouvait être la raison d'être d'une telle clause, nous répondrons qu'il n'est pas plus surprenant de la trouver exprimée dans le contrat que tant d'autres clauses inutiles et qui sont devenues de style dans les actes authentiques.

Deuxième hypothèse. — Les parties conviennent que la vente sera résolue de plein droit faute de payement du prix. C'est le pacte commissoire exprès qui existait à Rome et dans l'ancien droit, mais il opère différemment.

A Rome, nous l'avons vu, le contrat était résolu par la seule échéance du terme; aucun avertissement n'était donné au débiteur. — Dans l'ancien droit, au contraire, la clause était purement comminatoire; la résolution ne pouvait résulter que d'une sentence. — L'art. 1656 édicte une solution intermédiaire : l'intervention de la justice n'est pas exigée, mais l'acheteur doit être mis en demeure par une sommation.

Ainsi la clause de résolution de plein droit s'interprète en ce sens que les parties ont voulu éviter l'intervention du juge, ou tout au moins lui enlever, s'il intervient par suite de la résistance de l'acheteur, tout pouvoir d'accorder un délai. On peut dire que, sous ce rapport, elle s'écarte des principes de l'art. 1184 pour se rapprocher de ceux de l'art. 1183.

Une différence, toutefois, sépare, dans ce cas, le pacte commissoire de la condition résolutoire ordinaire. La résolution s'opère bien de plein droit, dans les deux hypothèses ; mais ici elle n'a pas lieu par le fait seul du non-payement, et ne résulte que de la mise en demeure de l'acheteur. On en voit la raison. Nous avons déjà dit plusieurs fois que le vendeur avait un droit d'option. Or, on ne peut évidemment pas supposer que le vendeur, en même temps qu'il fortifie le droit qu'il tient de l'art. 1654, en stipulant que la résolution aura lieu de plein droit, se dépouille du droit éventuel de demander l'exécution, c'est-à-dire renonce aux avantages qu'il recherchait en contractant, et cela, s'il plaît à l'acheteur de ne pas effectuer le payement du prix. Il fallait donc laisser au vendeur la faculté de choisir entre ces deux droits : voilà pourquoi s'il opte pour la résolution, on lui demande de manifester officiellement sa volonté par la mise en demeure de l'acheteur.

L'art. 1656 a donné lieu à des difficultés. Il est bien certain que la mise en demeur en matière de vente d'immeubles résulte d'une sommation ; l'article est explicite sur ce point ; mais on s'est demandé si l'art. 1656 était une exception, ou s'il n'était qu'une application des principes généraux. La question est importante ; suivant la solution qu'on adoptera, il faudra étendre a décision aux cas non prévus dans le texte ou, au contraire, la restreindre au cas explicitement formulé, c'est-à-dire à la vente d'immeubles.

D'après certains auteurs (Laurent, XVII et XXIV; Trolong, *Vente*, II, nᵒˢ 666, 667; M. Laromb., sur l'article 1184, nᵒ 55), l'art. 1156 serait une dérogation aux principes qui régissent la solution de plein droit. C'est à tort, dit-on, que la loi s'est servie des mots *mise en demeure* et *sommation*. Sans doute la sommation est nécessaire pour mettre en demeure; mais la mise en demeure n'a rien à faire ici, ou plutôt la mise en demeure résulte de la clause elle-même. Quelle a été l'intention des parties? Elles ont certainement entendu que le contrat serait résolu par le seul effet de leur volonté, sans qu'il fût besoin d'aucun acte postérieur; au moment de l'expiration du terme, l'acheteur est donc mis en demeure de plein droit; et cette solution n'est pas trop rigoureuse pour lui, car le contrat l'avait suffisamment averti du danger qui le menaçait. Quant à la sommation qu'exige l'art. 1656, elle a un autre but : constater que le vendeur entend user de son droit à la résolution de la vente. Cette manifestion de la volonté du vendeur devrait, d'après le droit commun, résulter de tout acte susceptible de la faire connaître, et si l'art. 1656 exige une sommation, c'est par une dérogation aux principes.

Cette première opinion ne nous semble pas admissible, parce qu'elle donne une explication de l'ar-

ticle 1656, qui est en opposition absolue avec les
termes de la loi, et qu'elle en fait, sans motif suffisant,
une exception aux principes de l'art. 1184 et de
l'art. 139. L'art. 1184 est la règle générale en matière de pacte commissoire : cela est hors de doute.
Il en résulte qu'on ne doit s'en écarter que dans les
cas formellement exceptés par la loi. Or, l'art. 1656
s'éloigne sur un point de l'art. 1184, en décidant que la
résolution aura lieu de plein droit; mais cette dérogation est la seule qu'il consacre. Le créancier ne pourra
donc invoquer la résolution qu'en tant qu'il démon-
trera que « l'engagement n'a point été exécuté » par
le débiteur. Or, comment prouve-t-on l'inexécution
du contrat par le débiteur? La clause étant muette à cet
égard, il faut bien décider que ce sera en le mettant
en demeure au moyen d'une sommation (art. 1139).
Ainsi l'art. 1656, loin d'être une dérogation, est une
application rigoureuse du droit commun (Aubry et
Rau, IV, § 302, n° 85; M. Colmet de Santerre, VII,
n° 101, III *bis*).

Cette disposition est donc à l'abri de toute critique.
Elle est conforme, du reste, au sentiment d'humanité
qui a guidé le législateur, lorsqu'il s'est agi de régler
les rapports des créanciers et des débiteurs. Il a voulu
protéger le débiteur contre sa propre négligence. On
pouvait craindre que, trompé par l'apparente complaisance du créancier, le débiteur ne s'endormît dans
une fausse sécurité, et qu'il ne fût au même moment

surpris et frappé : il fallait le réveiller à temps. Aussi
les rédacteurs du Code abrogeant l'antique maxime :
dies interpellat pro homine, ont-ils voulu que le créancier avertît l'acheteur qu'il était décidé à exercer son
droit ; et l'art. 1656 en exigeant la mise en demeure du
débiteur est en harmonie parfaite avec cette idée.

Au surplus, nous pouvons invoquer les travaux préparatoires et ces mots du discours de Portalis : « Le
silence du vendeur fait présumer son indulgence ; une
sommation positive peut seule empêcher ou détruire
cette présomption » (Locré, VIII, p. 75).

Ainsi le vendeur doit mettre l'acheteur en demeure
par une sommation. « Après cette sommation, dit l'article 1656, le juge ne peut lui accorder de délai. »
Cette solution était évidente, du moment qu'on admettait que le juge n'avait pas à intervenir. Dans le cas où
il intervient, par suite de la résistance du débiteur, son
seul pouvoir consiste à constater que la résolution a
eu lieu : il ne peut donc en arrêter l'effet par la concession d'un délai.

L'acheteur, après la sommation, peut-il purger sa
demeure ? Les partisans de l'affirmative soutiennent
que le texte n'édicte qu'une seule prohibition ; il défend au juge d'accorder des délais ; par conséquent,
même après la sommation, l'acheteur peut payer. Ils
ajoutent que, bien souvent, l'acheteur étant absent de
son domicile au moment où la sommation est faite, se

trouverait déchu, faute de payement, alors qu'il ne demandait qu'à payer.

Ce système manque de solidité. D'abord l'art. 1656, en disant que l'acquéreur peut payer tant qu'il n'a pas été mis en demeure par une sommation, entend bien par là qu'il ne peut plus payer, la sommation une fois faite. Quant au débiteur qui ne pouvait pas ignorer sa dette, il n'avait, s'il devait être absent au moment de l'échéance, qu'à prendre des dispositions pour que le prix fût versé.

Nous croyons, toutefois, qu'il faut laisser à l'acheteur, après la sommation, un délai moral pour s'exécuter. Il serait bien singulier de venir dire à l'acheteur dans un même acte : « Payez, si vous ne voulez voir la vente résolue, » et : « Il est trop tard pour payer. »

Nous avons admis qu'une sentence n'était pas nécessaire. Cette proposition nous semble incontestable. On pourrait être tenté, il est vrai, de soutenir, en rapprochant le texte des art. 1655 et 1656, que le seul effet de l'art. 1656 est de rendre toute concession de délai impossible, et que le juge doit intervenir pour prononcer la résolution. Mais ce n'est pas l'art. 1655 qu'il faut rapprocher de l'art. 1656; comme nous l'avons dit plus haut, c'est l'art. 1184 qui est le principe général auquel déroge l'art. 1656. L'art. 1184 énonce trois idées : 1° Le débiteur doit être mis en demeure par une sommation; 2° le créancier a un droit d'option entre la résolution et l'exécution du contrat;

3° l'intervention de la justice est exigée. — De ces trois idées les deux premières se retrouvent dans l'article 1656 : 1° L'interpellation est toujours nécessaire ; 2° le droit d'option existe encore ; 3° donc la seule différence possible est la suivante : la sentence n'est plus exigée (M. Léveillé, *Thèse de doct.*, p. 183).

D'ailleurs, refuser tout délai au débiteur, n'est-ce pas écarter implicitement la personne du juge qui seul a qualité pour accorder un délai. Enfin, si le seul effet de la clause était de retirer au débiteur le droit éventuel d'obtenir un délai, elle serait inutile, toutes les fois que l'acheteur se serait rendu indigne de cette faveur.

D'après la solution que nous avons adoptée sur une question controversée, l'art. 1656 est l'application d'un principe du droit commun (art. 1159). Aussi n'hésiterons-nous pas à en faire l'application aux meubles. L'article, il est vrai, ne parle que des immeubles, et on pourrait être tenté de raisonner *a contrario*. Ce serait une erreur, car les arguments *a contrario* n'ont de valeur que lorsqu'ils font rentrer dans le droit commun ; ici, ils en feraient sortir.

Troisième hypothèse. — Les parties stipulent que la vente sera résolue de plein droit et sans sommation, faute de payement du prix à l'échéance. Dans ce cas le pacte commissoire est assimilé sans doute possible à la condition résolutoire expresse, et la résolution résultera de l'échéance du terme, sans qu'il soit possible aux parties de l'empêcher. Le vendeur, en effet, qui a, comme nous l'avons souvent dit, deux droits, a bien pu renoncer dès l'abord au droit de demander l'exécution du contrat; et cette intention résulte clairement des termes dans lesquels la clause a été rédigée. L'article 1139 reçoit ici encore son application : nous nous trouvons bien dans un cas où le débiteur est mis en demeure par le seul effet de la convention, attendu que la vente porte que sans qu'il soit besoin d'acte, et par la seule échéance du terme l'acheteur sera en demeure.

CHAPITRE III

EXERCICE DE L'ACTION EN RÉSOLUTION

Qui peut encourir l'action en résolution? Le vendeur, cela va sans dire. Ajoutons ses héritiers ou successeurs à titre universel. Lorsque le vendeur est représenté par plusieurs héritiers, l'un d'eux peut-il demander la résolution, pour sa part, les autres préférant s'en tenir à l'exécution du contrat? Il faudrait pour répondre être fixé sur la nature divisible ou indivisible du droit de résolution : aussi renvoyons-nous au chapitre suivant l'examen de cette question.

Les créanciers du vendeur, exerçant les droits de

leur débiteur (art. 1166) pourront demander la résolution de la vente.

Supposons que le vendeur ait cédé la créance de son prix, le cessionnaire peut-il exercer l'action en résolution? La question a été vivement débattue. Dans un premier système, on lui refuse ce droit en se fondant sur le silence de l'art. 1692. Cet article admet, il est vrai, que la cession d'une créance comprend les accessoires de la créance ; mais ces accessoires quels sont-ils? La caution, le privilège, l'hypothèque ; l'article ne parle pas du droit de résolution. Et c'est avec raison. Il n'y a rien de commun, en effet, entre le droit de demander le payement du prix, et le droit de demander la résolution de la vente ; on ne peut pas dire que le deuxième soit l'accessoire du premier : l'un est mobilier, l'autre immobilier quand la chose vendue est un immeuble : ils n'ont pas le même objet : l'un tend à l'anéantissement, l'autre à l'exécution de la vente ; enfin ils ne peuvent coexister : l'un ne prend naissance qu'après que l'autre a cessé d'exister : « or un droit qui ne peut pas exister tant qu'existe un autre droit, ne peut pas être l'accessoire de celui-ci » (Marcadé, VI, art. 1692 ; Laurent, XXV, n° 535).

Nous ne partageons pas cette manière de voir. D'abord l'art. 1692 n'a pas la portée restrictive que lui assignent nos adversaires ; cela résulte des mots « tels que » qui annoncent une énonciation et non une énumération limitative ; on ne peut donc tirer argument

du silence de la loi sur l'action en résolution. Puis on
ne peut pas dire que ce droit est indépendant de la
créance ; ce serait nier son but. En accordant au vendeur le droit de faire résoudre la vente, le législateur a
voulu lui donner un moyen indirect d'arriver à l'exécution du contrat : créancier du prix, il se servira de la
résolution comme d'une menace énergique pour obliger le débiteur à se libérer, de même qu'il aurait pu
recourir autrefois à la contrainte par corps. Certes,
l'action en résolution a un autre objet que l'action en
payement du prix ; mais, dans le cas d'inexécution,
l'action en dommages et intérêts n'a pas non plus le
même objet que l'action en payement du prix : Sou-
tiendrait-on que l'action en dommages et intérêts n'est
pas un accessoire de la créance ? (M. Léveillé, op. cit.).
On ne voit pas dès lors pourquoi ce droit qui sert à
faire valoir la créance ne passerait pas au cessionnaire
de la créance, pourquoi il s'éteindrait ainsi sans motif,
car son extinction serait la conséquence de la cession,
puisque le vendeur n'est plus créancier. — Nous pouvons invoquer enfin l'art. 2112, qui, reprenant l'idée
déjà exprimée par l'art. 1692, est plus formel encore :
« Les actionnaires des diverses créances privilégiées,
exercent tous, les mêmes droits que les cédants en leur
lieu et place. » *En leur lieu et place*, c'est-à-dire, comme
les cédants eux-mêmes les auraient exercés : or le
vendeur, créancier privilégié, aurait pu exercer l'action
en résolution ; donc, ce même droit peut être exercé

par son cessionnaire (Cass., 15 juin 1864; Sir., 1864, 1,427.)

Si la créance du prix n'avait été cédée qu'en partie, faut-il décider que le cessionnaire pourra exercer l'acte de résolution pour sa part? Comme nous l'avons dit pour les héritiers, nous retrouverons cette question au chapitre suivant.

Celui qui a payé par subrogation le prix au vendeur peut-il exercer l'action résolutoire contre l'acheteur? L'affirmative est aujourd'hui universellement admise en présence de la généralité des termes des art. 1249 et 1250.

M. Coin-Delisle cependant, dans un article inséré dans la *Revue critique* (1854, IV, p. 317), s'est élevé avec force contre cette solution. Faire un payement avec subrogation, dit-il en substance, c'est agir dans une intention de bienfaisance. Que la subrogation résulte de la volonté du débiteur emprunteur, ou qu'elle soit accordée par le créancier qui reçoit son payement, dans tous les cas le subrogé a voulu rendre service au débiteur. Sans doute, il tient à rentrer dans ses déboursés, ce qui explique qu'il succède aux sûretés, gages, privilèges, etc., que pouvait avoir le créancier; mais on ne comprendrait pas qu'il pût, comme « un usurier ou un intendant de comédie, » venir spéculer sur la misère de l'acheteur, sous couleur de vouloir lui venir en aide, et qu'il pût « convertir son payement en une acquisition indirecte du bien. » Tel serait pourtant le résultat de l'action en résolution. — On peut répondre que le tiers qui paye pour le débiteur a entendu acquérir toutes les garanties du vendeur, ce qui n'exclut en aucune façon l'idée de rendre service ; il veut seulement rentrer dans ses déboursés, M. Coin-Delisle l'admet lui-même, il prend ses précautions ; si tel est le but du subrogé, il me semble que la distinction proposée n'est qu'arbitraire.

L'auteur ajoute que les art. 1249 et 1250 sont conçus en termes *généraux*, mais non *universaux*, que l'article 1250 - 1° ne parle pas des droits du créancier en général, mais de ses droits *contre le débiteur* ; les droits qu'il exerçait en sa qualité de propriétaire, et non plus de créancier, l'action en résolution, par exemple, ne sont pas visés par le texte. — C'est ainsi que nous voyons le subrogé privé de l'action en rescision pour cause d'erreur, de dol, de violence, qui compétait au vendeur ; or, si l'on remarque l'analogie qui existe entre cette action et la nôtre, puisque toutes les deux détruisent la vente, on ne doit pas être surpris que l'action en résolution ne passe pas au vendeur.

Cette distinction ne résulte nullement du texte. En parlant de droits contre le débiteur le texte entend les droits qui découlent de la créance ; or, nous avons démontré que l'action en résolution était un accessoire de la créance. Nous ne comprenons pas, d'ailleurs, que « *les droits* » du créancier puissent signifier autre chose que la généralité des droits qu'il peut avoir : pour soutenir le contraire, il faudrait pouvoir s'appuyer sur un texte plus précis que l'art. 1250. — Quant à l'assimilation apparente entre les deux actions, elle n'existe pas en réalité : si le subrogé ne peut pas demander la rescision pour cause de violence, d'erreur, de dol, c'est parce que ce n'est pas lui, mais le vendeur qui a été violenté ou trompé ; c'est une cause de rescision purement personnelle à la victime et qui ne résulte pas de ce qu'il n'a pas été payé. — Voici enfin une raison qui nous paraît concluante ; la subrogation est une opération à double face : vis-à-vis du créancier, c'est un payement ; mais vis-à-vis du débiteur, c'est une cession de créance. La transmission de l'action en résolution doit donc se produire en faveur du subrogé, comme en faveur du cessionnaire. Cette théorie a été consacrée par la jurisprudence (Cas. 9 décembre 1863, Sir., 1864, 1, 177).

Ainsi, le subrogé, dans le cas de subrogation conventionnelle, succède à l'action en résolution du subrogeant. En est-il de même dans le cas de subrogation légale ? Prenons une espèce. L'acheteur a, outre le vendeur, un autre créancier qui est simplement chirographaire. Le vendeur intente l'action en résolution ; pendant l'instance l'autre créancier paye le vendeur, c'est-à-dire un créancier qui lui est préférable à raison de son privilège, et prétend être subrogé légale-

ment au bénéfice de l'action en résolution, en vertu
de l'art. 1251-1°; que devons-nous décider?

La Cour de cassation lui refuse ce droit (3 juillet 1854; Dal., 2, 247). La subrogation légale, dit-elle,
est de droit étroit; car elle permet au subrogeant d'acquérir les droits du subrogé, malgré la volonté de
celui-ci, ce qui est contraire au droit commun; il faut
donc en limiter la portée au résultat que le législateur
s'est proposé d'atteindre. Ce qu'on a voulu, c'est procurer à un créancier primé le moyen d'empêcher une
vente intempestive provoquée par un créancier qui lui
est préférable en raison de ses privilèges ou hypothèques; ainsi, sauvegarder les intérêts du créancier
primé, et, du même coup, libérer le débiteur, tel est le
but de l'art. 1251-1°. — Or, que se passe-t-il dans notre
hypothèse? Le créancier préférable invoque, non pas
un privilège ou une hypothèque, mais un droit de résolution. Le créancier primé ne cherche pas sa sécurité, il spécule; et loin de consolider dans les mains
du débiteur commun la propriété de l'immeuble, il
s'efforce, dans son intérêt personnel, de s'attribuer
exclusivement les avantages de la résolution. On doit
donc lui refuser le bénéfice de la subrogation légale,
puisqu'il ne se trouve, ni dans les termes, ni dans l'esprit de l'article.

Plus récemment (Dal., 13 mai 1873, 1874, 1, 417),
la Cour de cassation a décidé que l'acheteur, qui a
payé la portion du prix encore due à raison d'une vente

antérieure, ne peut, pour se soustraire à l'exécution de ses obligations, invoquer la subrogation dans l'action résolutoire appartenant au précédent vendeur qu'il a désintéressé. L'acheteur, dans l'espèce, prétendait être subrogé à l'action résolutoire du premier vendeur, soit en vertu du 2° de l'art. 1251, soit en vertu d'une convention expresse (art. 1250). Le pourvoi fut rejeté sur ce motif que l'acheteur, d'une part était encore débiteur du prix de revente, lorsqu'il avait payé la somme restée due et que d'autre part il n'avait aucun danger d'éviction à courir. Pour que l'acquéreur d'un immeuble puisse invoquer la subrogation en vertu de l'art. 1251-2°, il faut qu'il soit évincé : alors le droit de l'acheteur étant résolu, ce dernier peut agir contre le vendeur, et faire valoir les droits dans lesquels il a été subrogé sur un immeuble, dont il est censé n'avoir jamais eu la propriété. Mais ici, aucune éviction n'est à craindre, puisqu'il a désintéressé le premier vendeur, créancier privilégié. L'acheteur ne peut davantage invoquer une convention qui l'aurait subrogé expressément; car, en payant le reliquat dû par son vendeur, il s'acquitte lui-même par compensation envers ce dernier, et ce serait nier ses engagements personnels, que de prétendre avoir payé non pas pour se libérer lui-même, mais pour libérer son vendeur débiteur, et acquérir ainsi contre lui le bénéfice de la subrogation.

Comme on le voit, le motif de l'arrêt ne préjuge en rien la question qui nous occupe. Aussi n'aurions-nous

pas cité l'arrêt; mais dans la note qui le suit, nous li-
sons qu'il y avait encore une autre raison de rejeter le
pourvoi, quant à la subrogation légale : c'est que l'action en résolution reste en dehors de l'art. 1251, aussi
bien dans le 2° que dans le 1°.

Nous n'admettons pas cette solution. Le motif de la
distinction que la note établit, entre la subrogation
légale et la subrogation conventionnelle, nous échappe.
Pourquoi les effets de la subrogation seraient-ils différents suivant les cas, pourquoi seraient-ils moins com-
plets, moins énergiques, lorsque c'est la loi elle-même
qui accorde la subrogation, que lorsqu'elle résulte de
la volonté des parties? On argumente de l'esprit et des
termes de l'art. 1251 : l'art. 1251 répondrons-nous, n'a
pas pour but de déterminer les effets de la subrogation
légale, mais d'énumérer limitativement les cas dans
lesquels elle a lieu.

Sans doute, on peut dire que l'origine de la subrogation légale est le *jus offerendæ pecuniæ* du droit romain qui produisait des effets restreints : le subrogé
succedebat in locum : il succédait sur le bien grevé à
l'hypothèque ou au privilège du créancier désintéressé,
et non aux autres garanties de ce dernier. Mais,
aujourd'hui, il n'en est plus de même : les effets de la
subrogation sont déterminés par l'art. 1249, qui est
commun à la subrogation conventionnelle et à la subrogation légale, et nous avons démontré que cet article avait une portée générale : aucun texte ne déro-

geant à ce principe, il faut donc reconnaître au subrogé légalement le bénéfice de l'action en résolution
du vendeur.

Nous résumerons ainsi ce que nous avons dit relativement au cessionnaire et au subrogé : 1° L'action en
résolution passe au cessionnaire, car c'est un accessoire de la créance ; 2° la subrogation, vis-à-vis du débiteur, est une cession de créance : donc l'action en
résolution passe ou subrogé ; 3° il n'y a pas de différence entre les effets de la subrogation légale et les
effets de la subrogation conventionnelle, donc dans
les deux cas l'action en résolution passe au subrogé.

Contre qui peut-on l'exercer ? Contre l'acheteur qui
n'a pas payé ses héritiers ou successeurs à titre universel. Le vendeur peut-il diviser son action et n'agir
en résolution que contre quelques-uns d'entre eux ?
C'est la question de la divisibilité que nous retrouverons au chapitre suivant.

Dans le cas d'une revente par le premier acheteur,
le vendeur peut-il agir contre le tiers acquéreur ? Le
vendeur a certainement un moyen indirect de reprendre son bien dans les mains du sous-acquéreur : c'est
de demander la résolution contre l'acheteur. Par l'effet
de la résolution de la vente, il redevient propriétaire, et
peut dès lors agir contre le détenteur par voie d'action
ou de revendication : le droit du sous-acquéreur, en
effet, a été résolu en même temps que celui de son auteur par application du principe : *resolute jure dantis*

resolvitur jus accipientis. Le vendeur, toutefois, doit avoir soin de lier le tiers à l'instance en le mettant en cause : sinon le jugement prononçant la résolution n'aurait pas d'effet à son égard, puisqu'il n'aurait pas été partie à l'instance (art. 1351).

Le vendeur peut-il agir directement en résolution contre le tiers ? Il faut décider que non. L'action en résolution, étant une conséquence de la vente ne peut être exercée que contre celui qui n'a pas satisfait à ses obligations d'acheteur : elle ne peut donc atteindre le sous-acquéreur, qui est resté étranger à la vente, qui n'est lié vis-à-vis du vendeur par aucun rapport contractuel. Le vendeur peut, sans doute, invoquer contre lui son droit de propriétaire, après que la vente a été résolue ; mais il ne peut prétendre au titre de créancier à son égard, ni réclamer la résolution pour défaut de payement d'un prix que le tiers ne lui devait pas. Il en résulte notamment, que, si le vendeur agissait par erreur contre le sous-acquéreur, la prescription libératoire de l'action ne serait pas interrompue contre l'acheteur, pas plus que la prescription acquisitive de la propriété contre le sous-acquéreur.

A quelles conditions l'action peut-elle être exercée ? — A la seule condition que le prix n'ait pas été payé : j'entends le prix intégral ; il est clair que tant qu'il reste dû un reliquat, si forts qu'aient été les acomptes on ne peut dire que le prix a été payé.

Il pourrait se faire que le titre constatant la vente,

portât quittance du prix, mais qu'en même temps il
fût déclaré dans une contre-lettre que le payement est
fictif. En pareil cas, l'acheteur ne pourra opposer le
contrat de vente comme fin de non révélation à l'action
en résolution. Quant aux tiers, il faut distinguer : s'agit-
il d'un sous-acquéreur de l'acheteur, la contre-lettre
n'ayant pas d'effet contre lui, il pourra repousser la
prétention du vendeur en soutenant que le prix a été
payé (art. 1321). Supposons au contraire que ce soit
un créancier du vendeur, qui prétend agir en résolution
en se fondant sur l'art. 1166, si l'acheteur oppose que
le prix a été payé en excipant du contrat de vente, le
tiers répliquera en invoquant la contre-lettre (art. 1321,
a contrario).

Le prix, au lieu d'être un capital exigible, peut consister en une rente. Plusieurs hypothèses sont à distinguer ici.

Première hypothèse. — Le prix consiste en une rente
viagère. Le défaut de payement des arrérages ne donne
pas naissance à l'action en résolution. Le vendeur
pourra seulement faire saisir les biens de l'acheteur ;
sur le produit de la vente, il prélèvera une somme suffisante pour produire des intérêts égaux aux arrérages
et, l'intérêt provenant du placement de cette somme,
sera affecté au service de la rente (art. 1978). — Cette
dérogation au principe de l'art. 1184 se justifie par la
nature essentiellement aléatoire du contrat de rente
viagère. Le débiteur, qui a déjà couru pendant quelque

temps les chances mauvaises, doit conserver l'espoir
des bonnes : il serait injuste de les lui enlever en l'obli-
geant à rembourser le capital de la rente.

La disposition de l'art. 1978 est certainement applicable dans le cas où, les parties ayant gardé le silence, la résolution, d'après le droit commun, aurait
été encourue en vertu du pacte commissoire tacite
(art. 1184). Mais, devons-nous l'étendre au cas où il y
a stipulation contraire? Ainsi, les parties font une vente
dont le prix consistera en une rente viagère : peuvent-
elles valablement stipuler que la résolution sera encourue par le défaut de payement des arrérages?

Cette stipulation est valable, à notre avis, par cette
raison que les conventions légalement formées tiennent lieu de loi à ceux qui les ont faites (art. 1134). —
On a soutenu, cependant, qu'elle était nulle, parce
qu'elle portait atteinte à l'ordre public, en dérogeant
aux règles qui régissent les dommages et intérêts. Si
l'art. 1978 proscrit la résolution du contrat, c'est, dit-
on, par application de l'art. 1153 ; le législateur n'a
pas voulu que le débi-rentier fut contraint de laisser
sans réduction au vendeur des arrérages supérieurs à
l'intérêt légal : or, ce motif est aussi vrai lorsqu'il s'agit
d'une résolution conventionnelle que lorsqu'il s'agit
d'une résolution légale. — Si l'élévation des arrérages
était le fondement de l'art. 1978, le législateur, il faut
le reconnaître, aurait manqué de logique en ne prohi-
bant pas la rente viagère. Mais, comme nous l'avons

dit, c'est par un motif d'équité que s'explique la dérogation de l'art. 1978 aux principes de l'art. 1184.
L'ordre public n'est nullement intéressé à ce que le
remboursement du capital d'une rente viagère ait ou
n'ait pas lieu au cas de non-payement des arrérages.
C'est un bénéfice que l'art. 1978 a introduit en faveur
du débiteur : le débiteur seul y est intéressé ; il peut
évidemment y renoncer. Reste alors le principe de la
liberté des conventions, d'après lequel les parties
peuvent convenir que l'art. 1978 sera lettre morte pour
elles ; et nous devons d'autant moins hésiter à reconnaître la validité de cette clause qu'elle fait rentrer
dans le droit commun de l'art. 1184.

Notre décision, d'ailleurs, résulte formellement de
la discussion de l'art. 1978 au Conseil d'Etat (Locré,
t. XV, p. 156). Le consul Cambacérès pensait « qu'il
conviendrait de faire sentir dans la rédaction que la
règle générale établie par l'article n'est pas absolue ;
qu'il est permis aux parties d'y déroger et de stipuler
que, faute de payement de la rente, le créancier pourra
rentrer dans son capital ; la rédaction proposée, ajou-
tait-il, n'exclut pas cette clause dérogatoire, mais il
serait plus utile de l'exprimer. » — La section n'admit
pas la proposition « parce qu'une telle stipulation n'é-
tant contraire ni à l'ordre public, ni aux mœurs, elle
se trouve suffisamment autorisée par la liberté des conventions. »

En résumé, lorsque le prix consiste en une rente

viagère, la résolution aura lieu ou non selon que les parties auront parlé ou gardé le silence.

Deuxième hypothèse. — Le prix consiste en une rente perpétuelle. Deux cas sont à prévoir.

Premier cas. — La rente a été stipulée directement dans le contrat de vente. Ainsi, je vous vends mon immeuble moyennant une rente perpétuelle de 5,000 f. : la créance des arrérages est le prix de l'immeuble. Nous sommes en présence de la rente qu'on appelait autrefois foncière, parce qu'elle est établie moyennant l'aliénation d'un immeuble. Par quels principes sera régie l'action en résolution du vendeur? On peut hésiter en présence de l'art. 1912. « Le débiteur [d'une rente constituée en perpétuel peut être contraint au rachat : 1° S'il cesse de remplir ses obligations pendant deux années...» Nous avons admis au chapitre premier que cet article dérivait du principe général posé dans l'article 1184, auquel il dérogeait en un point. Nous trouvons ici une deuxième dérogation : il ne suffit plus, pour que le droit à la résolution prenne naissance en faveur du vendeur, que l'acheteur n'ait pas exécuté son obligation, il faut qu'il se trouve en retard de deux années.

L'art. 1912 s'applique certainement aux anciennes rentes constituées, c'est-à-dire établies au moyen de l'aliénation d'un capital mobilier : cela résulte des premiers mots du texte; mais la règle qu'il pose régit-elle aussi les anciennes rentes foncières, comme dans

l'espèce que nous avons proposée? Nous ne le pensons
pas. On peut dire, il est vrai, que l'art. 1912 n'est pas
assez formel pour qu'on puisse en restreindre la portée, que le mot *constituée*, dont il se sert. n'a plus le
sens technique qu'il avait autrefois, aujourd'hui que la
loi ne reconnaît plus qu'une seule espèce de rente
(art. 529); et que, dès lors, l'art. 1912, étant le seul
qui s'occupe de la question dans la matière des rentes
perpétuelles, doit être considérée comme édictant une
règle générale et comme s'appliquant à la constitution
de la rente. — Nous répondrons que la prétendue assimilation que le Code aurait faite entre les deux espèces de rente est inexacte : c'est ce qui résulte notamment de la comparaison des art. 530 et 1911. Le
premier permet au créancier, dans le cas de rente ex-
foncière, de prohiber le rachat pendant trente ans; le
deuxième fixe le délai de dix ans; l'art. 1911 se rapporte donc aux rentes ex-constituées, et à celles-là
seulement. Comment alors pourrait-on soutenir que
l'art. 1912 qui vient immédiatement après, et qui emploie le même mot *constituée*, a une portée plus générale? Ajoutons que, alors même que le texte de l'article 1912 laisserait des doutes, notre solution doit
triompher, car l'article déroge au principe général de
l'art. 1184 et les exceptions sont de droit étroit. En résumé, nous déciderons dans notre espèce, que le vendeur pourra exercer l'action en résolution dès la pre-

mière échéance, si l'acheteur n'a pas payé les arrérages.

Deuxième cas. — Le prix, d'abord déterminé en capital, est ensuite converti en rente. Ainsi, je vends mon
immeuble pour le prix de 100,000 francs; il est ensuite
convenu que l'acheteur, au lieu de payer ces 100,000 fr.,
payera une rente annuelle et perpétuelle de 5,000 fr.
La rente est-elle ex-foncière, ou ex-constituée? Après
ce que nous venons de dire ci-dessus, on voit l'intérêt
de la question. Il s'agit de savoir si l'action en résolution de la vente sera régie par l'art. 1912 ou par l'article 1184.

Nous distinguerons. Est-ce dans l'acte même de
vente que la créance du prix a été convertie en créance
d'arrérages? La rente est ex-foncière, parce que la
novation ne se présume pas (art. 1273), et qu'on ne
peut pas supposer que les parties, dans un même contrat, aient entendu opérer novation du droit.

Est-ce après la signature du contrat de vente, et en
dehors de lui, que cette convention est faite : il faudra
appliquer à cette rente les effets de la rente ex-constituée. Il y a eu en effet deux opérations bien distinctes : une vente qui a fait acquérir au vendeur un
droit mobilier, la créance du prix; et une novation par
laquelle la créance du prix a été convertie en rente. La
rente est donc bien acquise moyennant l'aliénation
d'un capital mobilier.

CHAPITRE IV

NATURE DE L'ACTION EN RÉSOLUTION

L'art. 59 du Code de procédure décide, qu'en matière personnelle, le défendeur sera assigné devant le tribunal de son domicile ; en matière réelle, devant le tribunal de la situation de l'objet litigieux ; en matière mixte, devant le tribunal de la situation, ou devant celui du domicile du défendeur. Il y a donc un grand intérêt, au point de vue de la compétence, à savoir si l'on se trouve en matière personnelle, réelle ou mixte.

Quelle est la nature de l'action en résolution ? Et d'abord quand peut-on dire que l'action est mixte ?

Pour nous, l'action est mixte, lorsqu'elle participe de la nature des actions réelles et de la nature des actions personnelles, lorsque le créancier invoque contre une même personne un droit de créance et un droit réel, qu'il se prétend tout à la fois créancier et propriétaire.

· Des auteurs, il est vrai (Carré, *C. de proc.*, I, p. 286), ont soutenu que c'est une action réelle, à laquelle est jointe une demande de prestations. Et la Cour de cassation, dans ses observations sur le Code de procédure, admettait cette definition, tout en la modifiant un peu et décidait qu'une action réelle à laquelle « habituelle- ment » était jointe une demande de prestations, était mixte. — Mais cette théorie n'a pas triomphé, parce qu'elle ne tendait à rien moins qu'à la suppression des actions réelles. Quelle est, en effet, l'action réelle qui n'est pas accompagnée d'une demande d'accessoires ou de fruits ?

Laissons de côté, sans plus de détails, cette question générale, et revenons à l'action en résolution. Nous distinguerons deux cas, suivant que le vendeur agit contre son acheteur direct ou contre un tiers détenteur sous-acquéreur de l'acheteur.

Premier cas. — Le débat s'agite entre le vendeur et l'acheteur. D'après ce que nous venons de dire, on doit reconnaître que l'action a tous les caractères de l'action mixte. Quelle est, en effet, la prétention du demandeur? Il soutient que le défendeur, ayant man- qué à ses obligations, le contrat doit être résolu, et, qu'en conséquence, la propriété lui doit faire retour. Ainsi, l'action a son fondement dans la poursuite d'une obligation, et, à ce point de vue, elle est person- nelle; mais, elle est réelle, en ce sens qu'elle tend à une revendication, à la rentrée de la chose dans le pa- trimoine du vendeur (Pothier, *Vente*, n° 464). On au- rait tort de soutenir que l'action est personnelle, at- tendu que le vendeur invoque un droit de créance, l'exécution d'une clause du contrat et nullement un droit réel, un droit de propriété. Le retour de la propriété aux mains du vendeur est, en effet, une conséquence immédiate et nécessaire de la résolution du contrat, si bien qu'une seule instance, un seul jugement suffit. Dès l'instant que le juge aura prononcé la résolution, la question de propriété ne pourra plus s'élever : elle ne pourra donner lieu à un second procès : le droit réel et le droit personnel sont indissolublement liés. On commettrait donc une erreur, si l'on voulait les séparer l'un de l'autre, et laissant de côté le droit réel pour n'envisager que le droit personnel, si l'on disait : l'action est personnelle, car elle a pour objet l'anéantissement d'un droit personnel. « Cette action, dit Marcadé (sur l'art. 1656), présente un caractère de personnalité et de réalité; » et c'est précisément cette complexité qui détermine la nature mixte de l'action. Il en résulte que l'action pourra être portée, soit au tribunal du domicile de l'acheteur, soit au tribunal de la situation de l'immeuble.

Deuxième cas. — C'est contre un sous acquéreur ayant-cause de l'acheteur, que le vendeur veut agir. Nous avons vu que le vendeur ne pouvait agir directement contre le tiers détenteur, mais qu'il pouvait soit faire résoudre la vente contre l'acheteur, et ensuite paursuivre la revendication de l'immeuble contre le tiers, soit agir dans une seule et même instance contre l'acheteur et son ayant cause.

Première hypothèse. — Dans la première hypothèse,

les caractères de l'action diffèrent suivant la qualité du défendeur. A l'égard de l'acheteur elle est personnelle, car le demandeur poursuit seulement la résolution du contrat, et le droit qu'il invoque est un droit personnel. Quant à la propriété de la chose, il ne peut la réclamer au défendeur puisque celui-ci s'en est dessaisi au profit du tiers acquéreur. C'est donc le tribunal du domicile de l'acheteur qui est compétent. A l'égard du tiers détenteur, la question est controversée. (Nous supposons, bien entendu, que la résolution de la vente lui est opposable.) A notre avis, l'action est purement réelle, en ce sens qu'elle tend à faire rentrer la chose dans le patrimoine du vendeur. Le tiers, en effet, n'est pas tenu personnellement envers le vendeur avec lequel il n'a pas contracté : ce n'est pas en qualité de créancier, c'est comme propriétaire que le vendeur le poursuit : et l'action, à proprement parler, est une action en revendication plutôt qu'une action en résolution. Des auteurs ont cependant soutenu, les uns que l'action était mixte, les autres qu'elle était personnelle.

M. Rodière (*Explic.*, p. 115), posant en principe que le tiers est subrogé, aux obligations du vendeur, et considérant d'autre part que l'action a pour objet le délaissement de l'immeuble, a cru reconnaître dans la réunion de ces deux droits les caractères de l'action mixte. Mais cette subrogation, si elle était exacte, ferait brèche au principe que celui-là seul peut délaisser qui n'est pas obligé personnellement à la dette (art. 2172), et à cette autre règle que les successeurs à titre particulier, ne sont pas tenus des obligations de leur auteur (art. 1121). Ces deux atteintes nous semblent assez graves pour faire repousser le système de M. Rodière.

M. Poncet (*Traité des actions*, p. 170), invoquant aussi le principe de subrogation, n'admet pas le caractère réel de l'action. « L'action qu'intente contre les tiers le vendeur, dit-il, dérive de l'engagement qu'ils ont tacitement et indirectement contracté envers le vendeur; l'action est personnelle par sa nature et par son objet qui est d'obtenir l'exécution du pacte originaire dont ils se sont implicitement chargés. » Mais cette opinion est encore moins admissible que la précédente. Outre qu'elle s'appuie sur une subrogation qui n'existe pas en réalité, elle refuse d'accorder un caractère réel à une action qui tend au délaissement. Pourquoi le tiers devrait-il restituer la chose au vendeur, si ce n'est par ce motif que le vendeur est propriétaire. En résumé, nous admettons que l'action est réelle, et, en conséquence, la compétence appartiendra au tribunal de la situation de l'immeuble.

Deuxième hypothèse. — Le vendeur, pour gagner du temps, agit dans une même instance contre l'acheteur et contre le tiers détenteur. Ici, tout le monde est d'accord : l'action réunit bien tous les caractères de l'action mixte ; les deux tribunaux, celui du domicile de l'acheteur et celui de la situation de l'immeuble seront donc compétents.

L'action résolutoire est-elle divisible ou indivisible ? La question n'offre pas d'intérêt dans les rapports du vendeur et de l'acheteur, puisque l'obligation, même susceptible de division, doit être exécutée entre le créancier et le débiteur comme si elle était indivisible (art. 1220). Mais elle présente de l'importance dans les rapports du vendeur avec les héritiers de l'acheteur, ou dans les rapports de l'acheteur avec les héritiers ou les cessionnaires du vendeur. Supposons que le vendeur meure laissant deux héritiers. La créance du prix étant divisible, chacun d'eux pourra exiger du débiteur payement de la moitié du prix (art. 1220). Mais supposons que Pierre réclame la moitié du prix et que Paul demande la résolution pour moitié, le débiteur peut-il repousser la prétention de Paul en prétendant que le droit à la résolution est indivisible ?

C'est l'opinion soutenue par MM. Aubry et Rau (IV, p. 399). Ils prétendent que la demande doit être repoussée, à moins que tous les héritiers ne s'entendent pour agir ensemble, ou que Paul n'agisse seul pour la totalité, après avoir remboursé à Pierre ce qui lui revient du prix. Ils argumentent par analogie des art. 1670 et 1685. Dans l'hypothèse d'une vente à réméré, le droit au rachat se divise à la mort du vendeur entre ses héritiers ; mais, d'un autre côté, l'art. 1670 permet à l'acheteur d'exiger que tous les cohéritiers soient

mis en cause, afin de se concilier entre eux pour la reprise de l'héritage entier, et s'ils ne se concilient pas,
l'acheteur sera renvoyé de la demande. Il doit en être
de même dans le cas d'action en résolution, car le motif est identique ; l'art. 1670 est fondé sur ce motif
que le vendeur a entendu, en contractant, conserver la
chose dans son intégralité, ou la perdre entièrement.
Cette intention de l'acheteur n'existe-t-elle pas dans
toutes les ventes ? — On peut répondre que l'analogie
n'existe pas. On comprend que la volonté de l'acheteur
soit prise en considération dans l'hypothèse de vente à
réméré, attendu que l'exercice du réméré est une conséquence du contrat : le contrat est exécuté. Il
n'en est pas de même dans l'hypothèse qui nous occupe
le contrat n'est pas exécuté, il est résolu : on n'a donc
pas à rechercher quelle a été la volonté du débiteur en
contractant. Cette solution s'impose d'autant plus que
l'acheteur est en faute en ne payant pas son prix : en
exécutant son obligation il échappe à la résolution,
(Laurent, XXIV, n° 372.) — L'assimilation étant repoussée, restent les principes. Tout droit est divisible ;
lorsqu'il a pour objet une chose susceptible de division
soit matérielle, soit intellectuelle (art. 1217.) Or, le droit
de résolution a pour objet une chose divisible ; l'immeuble, en effet, est tout au moins susceptible de di-
visions intellectuelles : nous devons donc admettre que
l'action en résolution est divisible.

Une dernière question nous reste à examiner: l'ac-

tion en résolution est-elle mobilière ou immobilière?
Pour déterminer si une action est mobilière ou immobilière, il faut s'attacher à la nature de son objet. De là,
cette conséquence certaine, que lorsque la vente a eu
pour objet un meuble, l'action en résolution est
mobilière.

Il y a doute lorsque l'objet vendu est un immeuble.
Certains auteurs prétendent que l'action est toujours
mobilière. En effet, disent-ils, quel est l'objet principal
de la demande du vendeur ? C'est le payement du prix ;
ce n'est qu'en désespoir de cause qu'il réclame la restitution de l'immeuble; aussi, doit-on dire encore, que
l'objet de l'action est mobilier.

A notre avis, l'action est immobilière, car il nous
paraît certain que lorsque le vendeur agit en restitution d'un immeuble vendu, c'est l'immeuble qui forme
l'objet de sa demande. On objecte à notre système les
conséquences auxquelles il conduit. Supposons que le
vendeur meure laissant deux légataires : à l'un, il lègue
tous les immeubles, à l'autre, tous les meubles. Il en
résulte que la créance du prix appartiendra au légataire des meubles ; c'est, au contraire, le légataire des
immeubles qui aurait le bénéfice de l'action en résolution, si elle était exercée. N'est-il pas évident que ce
dernier résultat n'est pas conforme à l'intention du
testateur ? De même, le vendeur non payé se marie
sous le régime de communauté légale ; l'action en
payement du prix tombera dans la communauté, tandis

que l'époux vendeur conservera le droit à la résolution;
de telle sorte que, si l'action est intentée, l'immeuble
reviendra en propre à l'époux vendeur Dans ces conditions son conjoint, ne pourra-t-il pas se prétendre
lésé, attendu qu'il comptait voir entrer dans l'actif de
la communauté le prix qui était dû au moment du
mariage?

A cette critique, nous répondons que le résultat
qu'on redoute, ne se produira pas ; il ne faut pas
oublier en effet que la transmission d'une créance
entraîne celle de ses accessoires (art. 1692), et que
nous avons considéré l'action en résolution comme un
accessoire de la créance du prix. Nous sommes donc
fondé à dire : le légataire des meubles, créancier du
prix, aura le bénéfice de l'action en résolution qui
appartenait à son auteur le vendeur; de même, l'action
tombera dans l'actif de la communauté cessionnaire de
l'action en payement du prix, du chef de l'époux
vendeur.

CHAPITRE V

EFFETS DE LA RÉSOLUTION ACCOMPLIE

La vente résolue est considérée comme n'ayant
jamais existé : tel est le principe général formulé par

l'art. 1183, et qui s'applique aussi bien au pacte commissoire qu'à la condition résolutoire expresse. Il en
résulte logiquement que tous les effets que le contrat a
engendrés sont nuls, et que les parties sont replacées
dans l'état où elles se trouvaient avant la vente. Nous
allons rechercher quelle est la conséquence de cette
idée, d'abord dans les rapports des parties entre elles,
puis à l'égard des tiers.

I, INTER PARTES

L'acheteur n'ayant jamais été propriétaire, doit restituer la chose qui lui avait été livrée ainsi que les
accroissements qu'elle a reçus, *pendente conditione* : ce
sont, en effet, les accessoires.

Il doit de même restituer les fruits perçus La question qui est contestée en matière de condition résolutoire ordinaire ne fait guère de doute ici. M. Demolombe, cependant (t. XXV, n° 400), donne à la non
rétroactivité des fruits un motif général, qui doit s'appliquer aussi en cas de pacte commissoire. Il admet que
la rétroactivité ne s'applique pas aux fruits, parce
qu'elle opère *in jure tantum et non in facto*. C'est un
fait ineffaçable, dit-il, que le débiteur a eu la jouissance de la chose *medio tempore*. Mais, comme l'ont
fait observer MM. Aubry et Rau (IV, § 302, note 62), cet
argument laisse la question entière. Que l'acheteur ait

perçu les fruits, c'est un fait ineffaçable, sans doute; mais il s'agit de savoir s'il devra ou non les restituer. Or, le doute n'est pas possible en présence du principe de la rétroactivité.

Telle est l'explication qui, nous semble la plus juridique, de la restitution des fruits. Une autre explication a été cependant proposée. Des auteurs, qui refusent d'appliquer en général le principe de rétroactivité aux fruits, décident ici que l'acquéreur, en refusant d'exécuter ses obligations, est de mauvaise foi et qu'il manque d'un juste titre pour faire les fruits siens. Il y a là une erreur. L'acheteur n'est pas un possesseur actionné par le propriétaire; et l'on ne peut pas dire que c'est parce qu'il est de mauvaise foi qu'il ne peut opposer sa possession au vendeur; il est bien et dûment propriétaire, et ce n'est pas l'art. 549, c'est l'art. 550 qui est applicable; il a donc fait les fruits siens. Mais, comme, d'un autre côté, il est réputé n'avoir jamais été propriétaire (art. 1183), il devra les restituer.

Nous déciderons encore pour le même motif que, si un trésor a été découvert dans le fonds vendu, la moitié qui appartient au propriétaire, *jure soli*, revient au vendeur. Cette raison nous suffit, et nous dispense de répondre à l'argumentation de Bugnet (sur Pothier, *Vente*, n° 359, note 2) qui soutient que cette portion du trésor doit revenir à l'acheteur, parce que ce n'est pas un accessoire du fonds. Ce que nous croyons, et M. Bugnet ne le conteste pas, c'est que le trésor doit

appartenir irrévocablement à celui qui était propriétaire lors de l'invention. Or qui était propriétaire?
D'après l'art. 1183, c'est le vendeur.

L'acheteur doit aussi compte des dégradations qu'il
a commises, cela résulte par *a fortiori* de l'art. 1184 :
le vendeur pouvant réclamer des dommages et intérêts
lorsque la chose lui est restituée dans son intégralité,
pourra en demander, à plus forte raison, lorsqu'elle a
été détériorée. Si l'acheteur avait fait des construc-
tions, on lui appliquerait l'art. 655 relatif au construc-
teur de mauvaise foi.

De son côté, le vendeur doit restituer à l'acheteur
les bénéfices qu'il a retirés du contrat résolu : le contrat, en effet, ne doit pas être pour lui une source de
profits. Ainsi, il remboursera les dépenses nécessaires
dans leur intégralité, les dépenses utiles, jusqu'à concurrence de la plus-value. Quant aux dépenses volup-
tuaires, comme il n'en résulte pas d'améliorations pour
le fonds, il n'aura rien à restituer ; seulement, l'acheteur pourra les enlever, s'il peut le faire sans dégrader
le fonds. Il doit rendre le prix ou les acomptes qu'il a
reçus, à moins que le contraire n'ait été convenu entre
les parties. Bien plus, il en devra les intérêts du jour
où il les aura reçus, s'il reprend les fruits de la chose :
c'est conforme à l'équité.

Dans le cas où le prix consiste en une rente viagère,
on peut se demander quels seront les effets de la résolution. La question ne peut se poser dans l'hypothèse

du pacte tacite sous-entendu (art. 1184). Nous savons, en effet, que dans cette hypothèse la résolution de la vente ne peut être encourue (art. 1978). Il faut supposer que le pacte commissoire a fait l'objet d'une convention formelle. Voici l'espèce : un immeuble évalué 100,000 francs, est vendu moyennant une rente viagère de 6,000 francs ; les arrérages sont payés pendant dix ans, puis cessent d'être versés. Le vendeur fait prononcer la résolution du contrat. Que devra-t-il restituer ?

Un point est bien certain : la rente viagère étant supérieure au taux légal, dès le moment de la résolution, les arrérages doivent être ramenés au taux légal ; dans l'exemple précédent à 5,000 francs : en effet, les arrérages, en ce qu'ils excèdent le taux, sont le prix du risque que court le créancier de perdre le capital prématurément ; dès que le risque a cessé, c'est-à-dire à partir du jugement, le vendeur ne peut plus en recevoir le prix : « il ne peut plus que demander à être indemnisé pour la privation de son argent » (Pothier, n° 230, *Traité des rentes*).

Mais que décider pour les arrérages qui ont été payés jusqu'au jour de la résolution du contrat ? A notre avis, ces arrérages restent acquis en entier au vendeur : ils sont, en effet, le prix du risque ; l'acheteur ne peut donc en réclamer la restitution, même en offrant de laisser déduire les intérêts du prix de la rente. Qu'on ne vienne pas s'apitoyer sur le sort de l'acheteur, qui ayant rempli ses obligations pendant de longues an-

nées, se trouve, pour un jour de retard, peut-être, condamné à perdre intégralement les prestations exces-
sives qu'il a fournies. Les risques ayant couru pendant
toute la durée du contrat, il est juste que le vendeur,
pendant la même durée, en ait reçu le prix (Dijon,
22 janvier 1847, Sir., 1848, 2, 206). Cette solution
s'explique encore par ce motif que la rente viagère est
un contrat successif ; or, dans les contrats successifs,
les choses ne pouvant pas être remises dans l'état où
elles se trouvaient avant la naissance des obligations,
la résolution ne rétroagit pas : elle ne produit d'effet
que dans l'avenir.

II. A L'ÉGARD DES TIERS.

Nous examinerons successivement ce que deviennent
les actes passés par l'acheteur, et les actes passés par
le vendeur.

Les premiers, en principe, sont annulés par suite
de la règle : « *Resoluto jure dantis resolvitur jus accipientis* » (art. 2125). Ainsi, les hypothèques ou autres
droits réels consentis par l'acquéreur, s'évanouissent.
Observons, toutefois, que lorsque la vente a eu pour
objet un meuble, le tiers qui, de bonne foi, l'a acheté
du premier acquéreur, se trouve protégé par la
maxime : « En fait de meubles la possession de bonne
foi vaut titre » (art. 2279).

Une question intéressante s'élève à ce sujet. En supposant que l'acheteur ait rendu le meuble immeuble par destination, les créanciers hypothécaires inscrits sur l'immeuble sont-ils fondés à repousser l'action en résolution du vendeur? La jurisprudence semble admettre l'affirmative (Paris. 24 novembre 1845, Sir., 1845, 2, 664 ; Cass., 9 décembre 1835, 1836, 1, 177). Cette opinion est soutenue également par MM. Valette, *Priv.*, p. 107 ; Aubry et Rau, III, § 284 ; Marcadé, VI, p. 290 ; Duvergier, *Vente*, I, p. 469). Les créanciers hypothécaires doivent l'emporter sur le vendeur, dit-on, parce que l'hypothèque s'étend à toutes les améliorations survenues à l'immeuble hypothéqué (article 2133). A plus forte raison doit-elle s'étendre aux accessoires de l'immeuble, aux choses qui viennent s'y incorporer, qui en sont parties intégrantes ; or, n'est-il pas vrai de dire que, lorsqu'une machine est attachée à une filature, elle en devient l'accessoire. Il en résulte que si l'hypothèque frappe l'immeuble, elle atteint du même coup le meuble qui a été absorbé. Le tiers, nous le supposons, est de bonne foi, il a un gage hypothécaire, pourquoi ne pourrait-il pas, ainsi que le créancier, dont le gage est mobilier, invoquer le bénéfice de l'art. 2279?

Un deuxième système distingue (Sir., 1845, 2, p. 664, note) entre le cas où l'hypothèque est antérieure et celui où elle est postérieure. Dans le premier cas, le vendeur doit être préféré aux créanciers hypothécaires, parce que ceux-ci n'ont pas dû compter pour leur garantie sur l'immobilisation qui s'est réalisée plus tard. Mais dans le deuxième cas, les créanciers doivent l'emporter, car ils peuvent soutenir qu'ils n'auraient pas contracté avec le débiteur si l'accession ne s'était pas produite.

Cette deuxième opinion ne s'accorde nullement avec l'art. 2133, Code civil. Cet article, en effet, s'exprime d'une manière absolue, lorsqu'il déclare que l'hypothèque s'étendra aux améliorations survenues à l'immeuble ; il ne distingue pas entre les créanciers hypothécaires. Il faut donc adopter une des deux opinions extrêmes, et préférer le vendeur ou le sacrifier dans tous les cas, comme fait le premier système. A celui-ci, on peut répondre qu'il viole l'art. 593, C. proc. L'art. 592 interdit la saisie-exécution de l'objet immobilisé, mais, d'après l'art. 593, le vendeur non payé se trouve excepté de cette mesure, qui frappe les autres créanciers de l'acheteur. Ainsi, le vendeur pourra saisir par voie mobilière, les meubles immobilisés, ce qui veut dire qu'à son égard ces meubles n'ont pas perdu leur qualité mobilière. Dès lors, il n'est pas exact de dire, que l'hypothèque lui est opposable. Sans doute, les créanciers hypothécaires seront préférés sur le meuble aux autres créanciers de l'acheteur ; mais cette règle cesse d'être vraie, à l'encontre du vendeur, qui est fondé à nier l'immobilisation ; en un mot, l'hypothèque s'étend aux améliorations, mais sous la réserve des droits des tiers sur les choses mêmes qui constituent ces améliorations, donc sous la réserve des droits du vendeur (M. Laromb., p. 436, II). On soutiendrait, en vain, que l'hypothèque est une sorte de gage, pour les créanciers, car une différence profonde sépare ces deux droits ; dans le cas de gage, c'est le créancier qui a la possession, ce qui lui permet d'invoquer la disposition de l'art. 2279 ; l'hypothèque, au contraire, laisse subsister l'objet en la possession du débiteur. Le créancier ne réunit donc pas les conditions nécessaires pour pouvoir opposer la maxime au vendeur. — Nous concluons en disant que l'action en résolution triomphera, malgré le préjudice qu'elle doit causer aux créanciers hypothécaires.

L'art. 2125 subit une dérogation en ce qui regarde les actes d'administration : ils sont maintenus. Le vendeur devra respecter les baux consentis sans fraude par l'acheteur. C'est la solution consacrée par l'art. 1673, à l'occasion de la vente avec faculté de rachat, et nous devons par identité de motif l'appliquer ici. Il est, en effet, de l'intérêt des deux parties, que la chose soit louée avantageusement : c'est l'intérêt de l'acheteur qui serait responsable des dégradations survenues par suite du défaut d'entretien, c'est aussi l'intérêt du vendeur ; car une bonne administration est de nature à donner de la plus-value à l'immeuble. Or, ne serait-il pas impossible de faire une location dans de bonnes conditions, si le preneur pouvait craindre de se voir expulsé par l'exercice du droit de résolution? Aussi, déciderons nous que les baux doivent être exécutés par le vendeur, quelle qu'ait été la durée pour laquelle ils ont été faits. Mais, bien entendu, *fraus omnia corrumpit*; et, s'il était avéré, ce que les tribunaux décideront souverainement, que l'acheteur se voyant sur le point d'être poursuivi, s'est entendu avec un tiers pour lui passer un bail de longue durée, le vendeur serait en droit de dire que le bail ne lui est pas opposable. Les actes d'administration étant maintenus, il faut reconnaître la validité des payements de revenus, loyers ou fermages faits à l'acheteur : obliger le débiteur à payer une deuxième fois serait injuste à son égard puisqu'il a dû payer : d'ailleurs l'acheteur était le possesseur apparent de la créance.

Quel sera l'effet des jugements rendus au profit de l'acheteur ou contre lui ? On résout habituellement la question par une distinction. Le jugement a-t-il donné gain de cause à l'acheteur? Le vendeur, bien que n'ayant pas plaidé lui-même, pourra l'invoquer : il a été représenté par l'acheteur. Le jugement a-t-il été favorable au tiers ? Celui-ci ne pourra pas l'opposer au vendeur, qui, resté étranger à l'instance, pourra plaider à son tour. La raison qu'on donne, c'est que l'acheteur peut améliorer le droit du vendeur, mais qu'il ne peut le compromettre. Qu'arriverait-il si l'on admettait la représentation du vendeur par l'acheteur lorsque le jugement est défavorable à l'acheteur ? Celui-ci se laisserait assigner en délaissement par le tiers auquel il a revendu et condamner ensuite : il aurait ainsi un moyen indirect de consolider les actes de disposition qu'il a faits, et l'art. 2125 serait violé. — Cette distinction ne nous semble pas motivée. Elle est en contradiction absolue avec l'art. 1351, et l'équité la condamne. Le mandat de plaider existe ou n'existe pas ; et ce n'est pas après la solution du litige que son caractère se détermine. Il faut donc dire que si l'acheteur représente le vendeur, il le représente dans tous les cas, quelle que soit l'issue du procès. Il serait vraiment trop injuste d'obliger le tiers à plaider, sans lui faire savoir quel est son adversaire, et à l'égard de qui le jugement produira effet ; or, c'est à ce résultat fâcheux que nous arriverions, puisque selon qu'il aurait été vainqueur ou vaincu, son adversaire aurait été l'acheteur seulement ou aussi le vendeur. Nous croyons donc que dans toutes les hypothèses le vendeur sera représenté par l'acheteur.

Relativement à la possession, la résolution produit cet effet que le vendeur est censé avoir continué à posséder après la vente. Il en résulte que, s'il n'était pas propriétaire de la chose, mais seulement possesseur au moment du contrat, il pourra joindre à sa possession celle de l'acheteur, pour arriver à la prescription. Et peu importe qu'il ne soit pas demeuré de bonne foi. Il n'y a pas, en effet, ici deux possessions distinctes, mais une seule, qui a continué sans interruption. Donc, puisque c'est la possession du vendeur qui a continué sans interruption, puisque le vendeur n'est pas l'ayant cause de l'acheteur, sa mauvaise foi actuelle ne l'empêchera pas de prescrire, car il suffit que la bonne foi ait existé au moment de l'acquisition (art. 2289).

Examinons maintenant les rapports du vendeur avec ses ayants cause : quel va être le sort des droits réels constitués avant la résolution de la vente?

Suivant MM. Aubry et Rau, (III, 266, n° 13), ces droits ne sont pas valables parce qu'ils ont été consentis a *non domino*. C'est en ce sens que la jurisprudence s'est prononcée dans le cas de vente à réméré (Paris, 12 août 1871, *Journal du Palais*, p. 639). La vente, dit-on, dessaisit le vendeur de la propriété de l'immeuble vendu au profit de l'acheteur qui l'acquiert, et le dessaisissement est complet; on ne comprendrait pas un même droit de propriété existant à la fois au profit de deux personnes, et dont chacune pourrait disposer en constituant des hypothèques. Il faut donc décider que l'acheteur ayant acquis le *jus in re*, c'est-à-dire la propriété, il ne reste au vendeur qu'un *jus ad rem*, c'est-à-dire une simple action en résolution. Sans doute, la résolution une fois prononcée, les actes de disposition émanant de l'acquéreur, seront anéantis; mais en fait, celui-ci n'aura pas moins été propriétaire jusqu'à la résolution.

11

Cette opinion est repoussée, et avec raison, par la presque unanimité des auteurs. L'art. 2125, en effet, ne laisse place à aucun doute ; il autorise la concession d'une hypothèque de la part de ceux qui n'ont sur la chose qu'un droit *suspendu* par une condition ou *résoluble* dans certains cas. Or, telle est bien la situation où se trouvent l'acheteur et le vendeur; le premier a un droit résoluble, le deuxième un droit suspendu à une condition, et c'est à la même condition, remarquons-le, que le droit de chacun d'eux est subordonné. Il s'ensuit que l'un et l'autre ont pu constituer des hypothèques ou autres droits réels sur l'immeuble ; et ces droits sont subordonnés à la résolution. A-t-elle lieu, les droits conférés par l'acheteur s'évanouissent ; mais à l'inverse ceux conférés par le vendeur sont consolidés. Cette coexistence de deux droits de propriété, l'un sous condition résolutoire, l'autre sous condition suspensive, n'a donc rien d'étrange. Ainsi, le contrat de vente n'a pas complètement dépouillé le vendeur de son droit de propriété. C'est un *jus in re* qu'il a sur la chose et non pas seulement un droit de créance, un *jus ad rem*. Ce qui serait bizarre, au contraire, c'est cette propriété *de fait* dont l'acheteur aurait joui *pendente conditione*, et qui cependant ne lui aurait pas permis de conférer des hypothèques ; s'il a été propriétaire, comment n'a-t-il pas pu se comporter comme un propriétaire ? S'il ne l'a pas été et l'art. 1179 le démontre, n'est-il pas évident que le vendeur l'est toujours resté, et que les hypothèques qu'il a consenties sont consolidées?

Quels vont être les effets de la résolution au point de vue fiscal? Deux questions se présentent ici :

1° Le droit proportionnel perçu à l'occasion de la vente, sera-t-il remboursé?

2° Un nouveau droit proportionnel sera-t-il perçu pour la résolution?

Il faut répondre négativement à la première question, car aux termes de l'art. 60 de la loi du 22 frimaire an VII, tout droit régulièrement perçu n'est pas sujet à restitution, quels que soient les événements ultérieurs.

La deuxième question est plus délicate. D'après la loi du 22 frimaire an VII, tous les actes sont soumis à un droit fixe ou à un droit proportionnel; à un droit proportionnel lorsqu'ils opèrent la transmission de propriété, à un droit fixe dans le cas contraire (art 2, 3, 4). D'après l'art. 68, § 3, n° 7, un droit fixe est perçu sur les jugements portant résolution de contrat pour cause de nullité radicale, et en général sur ceux qui ne peuvent donner lieu au droit proportionnel. De plus, il résulte de l'art. 69, § 7, n° 1, que les jugements translatifs de propriété, donnent lieu à un droit proportionnel. Dans quelle catégorie rentrent les jugements portant résolution pour défaut de payement du prix? La Cour de cassation avait admis que les nullités radicales sont celles qui, comme le dol, l'erreur ou la violence, remontent au jour même du contrat, le vicient dès l'origine ; mais qu'il ne faut pas y ranger le défaut d'exécution de la part d'une des deux parties, car ce fait est postérieur au contrat. Il en résultait que le jugement de résolution était considéré comme une rétrocession et rentrait dans les termes de l'art. 69 ; c'était donc un droit proportionnel qui était perçu.

Cette législation très rigoureuse pour les parties, fut adoucie par la loi du 27 ventôse an IX. L'art. 12 décide que les jugements portant résolution de vente pour défaut de payement du prix, ne seront plus assujettis qu'au droit fixe, mais à deux conditions : 1° Qu'aucun acompte n'ait été payé sur le prix ; 2° que l'acquéreur ne soit pas entré en jouissance.

Tel était l'état de la question avant la promulgation du Code civil. D'après les nouveaux principes, la propriété revient de l'acheteur au vendeur par l'effet seul de la résolution du contrat ; peu importe qu'un acompte ait été payé ou que l'acheteur soit entré en jouissance ; dès que la résolution s'est produite, l'acheteur a cessé d'être propriétaire, le vendeur l'est devenu. Le jugement de résolution n'est donc plus translatif.

Dans ces conditions, on s'est demandé si la modification des anciennes règles du droit civil n'avait pas exercé une influence sur les principes de l'enregistrement. D'après MM. Championnière et Rigaud (*Enregistrement*. I, p. 278 et suiv.), l'art. 12 de la loi du

27 ventôse an IX aurait été implicitement abrogé par le Code civil, et tout jugement portant résolution serait frappé d'un droit fixe sans distinction. En effet, disent-ils, l'art. 12 était exceptionnel puisqu'il exemptait du droit proportionnel un acte, qui, par sa nature, aurait été soumis à ce droit; on ne peut donc pas le transporter dans notre législation actuelle, car le principe auquel il faisait brèche a été supprimé. Dès lors, il n'y a plus à faire aucune distinction à propos des jugements de résolution. Et, comme ils ne sont plus translatifs de propriété, on doit, par application de l'art. 68 de la loi de frimaire an VII, les soumettre à un droit fixe.

Cette doctrine ne nous semble pas exacte. Sans doute la loi fiscale ne se trouve plus aujourd'hui d'accord avec la loi civile, et on peut regretter que le législateur de 1804 ait perdu de vue les rapports qui unissent les questions d'enregistrement aux questions de droit civil; mais, quant à modifier les principes de l'enregistrement, ce serait faire œuvre de législateur; nous ne le pouvons pas. Il faut donc admettre encore la distinction établie par les lois de frimaire an VII et de ventôse an IX et dire : l'acheteur est-il entré en jouissance, un droit proportionnel est exigé ; la tradition n'a-t-elle pas été faite, c'est un droit fixe qui sera payé (M. G. Demante, *Princ. de l'enregistrement,* n° 178 et suiv.).

Si l'on voulait rester logique, il faudrait admettre

que le vendeur n'entre en jouissance qu'autant qu'il a reçu une tradition effective. En effet, lors de la rédaction de la loi de ventôse, on avait décidé que par dérogation aux principes de la tradition, celui au profit duquel une tradition feinte se serait réalisée, ne serait pas réputé être en jouissance. Les anciens principes fiscaux étant maintenus, on serait conduit à dire encore aujourd'hui : celui-là seul payera un droit fixe qui aura été mis réellement en possession. — La solution contraire a prévalu cependant auprès des tribunaux et cela s'explique par la tendance qu'a toujours marquée la jurisprudence en faveur des intérêts du trésor.

Nous admettrons avec M. G. Demante (op. cit., § 185), que, lorsque le pacte commissoire est exprès art. 1656) le vendeur échappe à la nécessité de payer un droit proportionnel ; en effet, la résolution, après sommation, a lieu de plein droit, sans jugement, sans acte d'aucune espèce.

CHAPITRE VI

EXTINCTION DE L'ACTION EN RÉSOLUTION

Nous diviserons ce chapitre en deux parties. Dans la première, nous étudierons les fins de non recevoir qu'on pouvait opposer sous l'empire du Code civil.

Dans la deuxième, nous nous occuperons des modifications qui ont été apportées à ces règles dans l'intérêt des tiers par la loi du 3 mai 1841 sur l'expropriation pour cause d'utilité publique, les lois des 2 juin 1841 et 31 mai 1858 sur la saisie immobilière et la loi du 23 mars 1855 sur la transcription.

PREMIÈRE PARTIE

CODE CIVIL

Trois fins de non recevoir pouvaient être opposées au vendeur agissant en résolution du contrat : une renonciation, une novation ou une prescription.

1° *Renonciation.* — Le vendeur peut avoir renoncé expressément ou tacitement à son droit. La renonciation expresse ne donne lieu à aucune difficulté. Il n'en est pas de même dans le cas de résolution tacite, et on n'est pas d'accord sur les faits dont elle peut résulter.

On s'est demandé d'abord s'il fallait voir une renonciation au droit de résolution dans le fait par le vendeur de demander le payement du prix?

Nous avons admis au chapitre II, que le vendeur qui a demandé d'abord le payement du prix, n'est pas déchu du droit de poursuivre la résolution du contrat. Nous adopterons, sans hésiter, la même solution pour notre question, qui est la réciproque de la première. Il est naturel que le vendeur commence par demander l'exécution du contrat, puisque c'est le but qu'il s'est proposé d'atteindre. Le droit de demander la résolution est un droit subsidiaire, qu'il ne doit naturellement exercer que lorsqu'il a reconnu l'impossibilité d'obtenir le payement ; l'exercice de ce droit n'implique donc pas renonciation au droit de demander la résolution. Cette solution, n'est pas vraie seulement dans l'hypothèse du pacte commissoire tacite, mais aussi dans le cas de résolution expressément stipulée dans le contrat. On objecterait vainement le précédent que fournit la *lex commissoria*. En droit romain, la résolution s'opérait de plein droit ; sans doute le vendeur devait faire une option, mais dès qu'il avait manifesté sa volonté, la vente était irrévocablement maintenue ou résolue. Il n'en est pas de même en droit français, où le pacte commissoire soit exprès, soit tacite, ne s'accomplit pas de plein droit. Est-il tacite, le vendeur peut changer d'avis jusqu'au jugement (art. 1184) ; est-il exprès, la résolution n'est encourue qu'après sommation de payer (art. 1656) ; la sommation ne saurait priver le vendeur de son action résolutoire, puisque la faculté d'option ne prend naissance pour lui qu'à ce moment-là. Il serait singulier, d'ailleurs, dans ce deuxième cas, que le vendeur eût stipulé une garantie qui lui causerait un préjudice.

Si le vendeur ne renonce pas à l'égard de l'acheteur en demandant le payement du prix, en est-il de même à l'égard des tiers ? Certes, s'il avait approuvé une revente faite par l'acheteur, la question ne se poserait pas. Mais, on s'est demandé s'il renonçait à son droit en produisant à l'ordre ouvert sur le prix de la revente.

Nous n'avons pas besoin de supposer un ordre amiable, puisque nous nous sommes placé à l'époque du Code civil. Il en serait autrement depuis la loi du 2 juin 1841; aujourd'hui, si le tiers acquéreur était adjudicataire sur saisie immobilière, la question ne se présenterait plus, puisque le vendeur aurait dû, avant l'adjudication, notifier sa demande en résolution (article 717, C. de proc.).

Revenons à la question. D'après M. Troplong, le vendeur ne pourrait plus agir en résolution; le vendeur qui se présente à l'ordre ratifie la vente, dit-il. Il acquiesce au transport de propriété entre les mains du tiers; la bonne foi s'oppose donc à ce que le vendeur vienne inquiéter le tiers acquéreur (*Priv.*, I, n° 225). — Nous répondrons, d'abord, qu'on ne peut ratifier que des actes nuls : or, la vente qui est intervenue entre le vendeur et son ayant cause, est valable, le vendeur ne la conteste pas. Ajoutons que le vendeur n'a fait que demander ce qui lui était dû ; il a saisi un moyen qui s'offrait à lui de se faire payer. Nous l'avons déjà dit, l'action en résolution, accessoire de l'action en payement du prix, est destinée à suppléer à l'insuffisance de cette dernière action. Ce n'est donc pas renoncer à demander la résolution que de poursuivre le payement. La renonciation, d'ailleurs, si on l'admettait, serait su-

bordonnée à la condition que l'action en payement serait efficace ; car, les renonciations ne se présument
pas. — Quant à la bonne foi des tiers, nous devons
l'écarter du débat ; ils ont dû s'apercevoir, en traitant,
que le prix n'avait pas été payé : l'éventualité des deux
actions n'a donc rien qui doive les surprendre (M. De-
mol., 25, n° 535 ; Cas., 11 décembre 1855, Sir., 1856,
I, 256).

Ainsi, le vendeur n'est pas censé renoncer à la résolution lorqu'il produit à l'ordre. Mais, il pourrait se
faire, que sa renonciation à l'action en résolution fût
formellement exprimée au moment de la revente. Cette
renonciation, de sa part, porte-t-elle atteinte à l'action
résolutoire du second vendeur contre le sous-acquéreur, en supposant que le second vendeur a délégué le
premier sur le prix de la revente ? La jurisprudence a
décidé, et avec raison suivant nous, la négative, dans
l'espèce suivante : Dubois avant vendu 19,500 francs
son immeuble à Ducasse, qui ne l'avait pas payé. Dubois poursuit la vente judiciaire (le procès était né
antérieurement au nouvel art. 717, C. de proc.) ; l'immeuble fut adjugé 35,000 francs. Ducasse délégua à
Dubois le prix de la revente jusqu'à concurrence de
son prix d'acquisition 19,500 francs. Dubois et Ducasse se trouvaient donc créanciers du tiers, le premier
pour 19,500 francs, le deuxième pour 15,500 fr.
Dubois produisit à l'ordre et renonça en même temps
(nous le supposons) à son action en résolution. Ducasse,

non payé des 15,500 francs à lui dus, pouvait-il demander la résolution de la vente ?

La Cour de cassation l'admit sur les conclusions de M. l'avocat général Nicias-Gaillard (20 juin 1850 ; Sir., 1850, I, 651). Ducasse et Dubois avaient, en effet, des droits entièrement indépendants. Le droit de résolution appartient à tout vendeur ; or, Ducasse est vendeur par rapport au tiers au même titre que Dubois est vendeur par rapport à Ducasse : ce dernier doit donc avoir le droit de résolution, tout aussi bien que son vendeur. Ce droit lui est propre, ce n'est pas du chef de son vendeur qu'il l'exerce, car ce n'est pas Ducasse qui le lui a transmis par l'effet de la première vente : il n'est né, en sa personne, qu'au moment de la deuxième vente. S'il est vrai que les droits sont distincts, chacun d'eux pourra l'exercer ou y renoncer à sa guise ; on ne peut donc soutenir que la renonciation du premier vendeur prive le deuxième de la faculté de poursuivre le payement de ce qui lui est dû. Et qu'on ne vienne pas soutenir, comme la Cour de Rouen l'avait fait, que l'action est indivisible en ce sens que, le premier vendeur ayant renoncé à la résolution, ce droit était perdu pour le prix tout entier, aussi bien pour ce qui était dû au deuxième vendeur que pour ce qui était dû au premier. Cette indivisibillté prétendue est contraire aux principes, et on ne la démontre pas. Sans doute, le droit à la résolution pour Ducasse est éteint jusqu'à concurrence des 19,500 fr.

qu'il a délégués à Dubois. Mais 15,500 francs lui restent dus; c'est une partie de son prix primitif; or, nous avons décidé que la résolution était encourue par l'acheteur, quelque petite que fût la somme restée due.

2° *Novation*. — Le droit de résolution serait perdu par la novation, car la nouvelle créance anéantit la première, ce qui entraîne l'extinction de tous ses accessoires, l'action en résolution, par exemple. Le vendeur pourrait, toutefois, réserver les garanties de sa créance (art. 1278). La novation ne se présume pas (art. 1273), il faut que la volonté des parties résulte clairement de l'acte. On admet que l'acceptation par le créancier de billets souscrits par le débiteur en payement de sa dette n'emporte pas novation ; décider le contraire, ce serait non seulement présumer la novation, qui ne résulte pas de la volonté des parties contractantes, mais encore, dénaturer et fausser leur pensée : lorsqu'un créancier reçoit une traite de son débiteur, il est bien évident qu'il n'entend pas, sur un pareil payement, donner quittance de ce qui lui est dû. L'acceptation n'est donc qu'un mode de payement, subordonné à la condition que les billets seront payés à l'échéance. La conversion en une rente du prix fixé d'abord en capital, opère-t-elle novation ? Nous avons résolu cette question au chapitre III. Rappelons seulement qu'il faut distinguer : la conversion a-t-elle lieu dans le contrat de vente, il n'y a pas de novation ; a-t-elle eu lieu postérieurement au contrat, il y a novation.

3° *Prescription.* — Entre le vendeur et l'acquéreur, l'action en résolution se prescrit par trente ans (article 2262) : la prescription décennale de l'art. 1304 n'est pas applicable, car il ne s'agit pas ici d'une action en nullité, mais d'une action en résolution, ce qui est bien différent. Les causes de nullité consistent dans des vices inhérents au contrat, tels que l'incapacité d'une des parties ; la résolution, au contraire, suppose que le contrat est parfait *ab initio* : c'est une cause postérieure, comme le défaut de payement du prix qui le résout. L'action dure donc pendant trente ans, qui ont pour point de départ le jour de l'exigibilité du prix ; la créance, en effet, est à terme, ce qui empêche la prescription de courir, jusqu'à ce que le terme soit arrivé (art. 2257). Si aucun délai n'avait été accordé, le point de départ serait le jour du contrat, car de ce jour le prix est dû.

Si le prix consistait en une rente, il faudrait distinguer entre la rente et les arrérages. La rente, c'est-à-dire le droit d'exiger le service des arrérages, se prescrit par trente ans, à dater du jour du contrat. Aussi, le vendeur devra, au bout de vingt-huit années, faire renouveler le titre qui constate son droit (art. 2263). Quant aux arrérages, ils se prescrivent par cinq ans, à compter de l'échéance (art. 2277).

A l'égard des tiers détenteurs, nous distinguerons

entre les meubles et les immeubles. Relativement aux
meubles, les tiers possesseurs de bonne foi, ou créanciers gagistes, c'est-à-dire ceux qui ont ignoré au moment de l'acquisition ou de la constitution du gage que
tout ou partie du prix était dû au vendeur originaire,
repousseront le vendeur en invoquant l'art. 2279 ; s'ils
sont de mauvaise foi ils ne pourront prescrire que
par trente ans. — Relativement aux immeubles, l'acquéreur peut être aussi de bonne ou de mauvaise foi.
Est-il de mauvaise foi, il prescrira seulement par
trente ans ; est-il de bonne foi, il pourra invoquer la
prescription de dix à vingt ans : ce bénéfice, en effet,
est accordé à ceux qui possèdent en vertu d'un juste
titre et de bonne foi.

Des difficultés se sont élevées au sujet de cette usucapion. Remarquons qu'il s'agit d'une prescription acquisitive puisque l'action du vendeur contre le tiers,
se présente sous la forme d'action en revendication.
On a nié, tout d'abord, que l'art. 2265 fût applicable,
en soutenant qu'il suppose le tiers détenteur en conflit
avec un *non dominus*, alors que dans notre hypothèse,
le détenteur a acquis la chose du premier acquéreur,
c'est-à-dire du véritable propriétaire. — Mais ce système a été nettement réfuté par M. Marcadé (sur l'article 1656.) En supposant le raisonnement exact, on arriverait à ce résultat invraisemblable, qu'il serait plus
avantageux de traiter avec un non propriétaire, qu'avec
le propriétaire lui-même. Dans le premier cas, en ef-

fet, la prescription s'accomplirait au profit de l'acheteur de bonne foi par dix ou vingt ans, tandis que
trente ans seraient nécessaires dans le deuxième cas.
Au surplus, il est inexact de dire que le premier acquéreur est un véritable propriétaire, puisque, en vertu
de la résolution la propriété n'a jamais résidé sur sa
tête. Il y a, d'ailleurs, une grande similitude entre
l'action en résolution d'une part, et les privilèges et
hypothèques de l'autre, car la garantie que fournissent
ces divers droits est réelle. Or, le tiers prescrira les
privilèges et hypothèques par dix ou vingt ans, s'il est
de bonne foi (art. 2180), pourquoi ne pourrait-il pas
aussi bien, par le même laps de temps, acquérir la
libération de l'immeuble, et le mettre à l'abri de
l'action résolutoire, lorsqu'il réunit les mêmes
conditions du juste titre, et de la bonne foi? — Cette
solution a été admise par la Cour de cassation (Rej.
20 janvier 1880, *Gazette des tribun.*, 21 janvier).
Il résulte de l'arrêt que l'acquisition du tiers est soumise à une condition résolutoire et non à une condition
suspensive, et que dès lors l'acte de vente par lui sous-
crit, constitue un juste titre susceptible de servir de
fondement à la prescription décennale du moment que
le tiers détenteur est de bonne foi.

Ainsi, toute la question consiste à savoir si le tiers
détenteur est ou non de bonne foi. Il sera certainement
de bonne foi, lorsqu'il aura cru que son vendeur avait
payé le prix : cette croyance fausse résultera, par exem-

ple, de ce que l'acte de vente porte la déclaration men-
songère que l'immeuble a été payé.—Si l'acte de vente
était muet sur ce point, le tiers serait encore de bonne foi,
à moins qu'il n'eût appris d'une autre manière que l'immeuble était exposé à l'action en résolution. La bonne
foi, en effet, se présume, et de plus, la propriété étant
en général franche de tout droit, il n'avait pas de raison de croire à l'éventualité de cette action. — Supposons enfin que l'acte énonce que le prix n'a pas été
payé, l'acheteur est-il de mauvaise foi? D'après
M. Troplong (*Vente*, II, n° 662), le tiers reste de bonne
foi, alors même qu'il aurait connu l'existence de la dette;
car, dit-il, il a pu légitimement penser que le vendeur
originaire serait payé par son acquéreur direct. A notre
avis, le tiers est de bonne foi, malgré l'énonciation du
non-payement, s'il prouve qu'il avait de justes raisons
de croire que le prix avait fini par être payé; mais cette
preuve est nécessaire, car le contrat a dû le mettre en
garde contre l'erreur qu'il pouvait commettre, de sorte
qu'on peut dire que la présomption de bonne foi dans
laquelle il était se trouve annulée par une présomption
contraire résultant de l'énonciation du non-payement.

Quel est le point de départ de la prescription au profit du sous-acquéreur? C'est l'entrée en possession. Il
ne faudrait pas croire que, depuis la loi du 23 mars 1855,
le point de départ est reculé jusqu'au jour de la transcription du titre d'acquisition; la transcription, en
effet, n'est exigée qu'à l'encontre des tiers qui ont ac-

quis des droits du chef du vendeur ; or, ici, ce n'est pas
à l'ayant cause, mais à l'auteur de son vendeur que le
détenteur oppose la prescription (Rivière, *Quest. sur
la transcript.*, n° 239). Il peut arriver que le sous-
acquéreur ait acquis l'immeuble avant l'échéance du
terme fixé pour le payement du prix de la vente.
Pourra-t-il commencer à prescrire la propriété, alors
que la prescription de la créance est suspendue au profit du vendeur (art. 2257)?

La Cour de cassation, se fondant sur l'analogie qui
existerait entre l'obligation et la propriété, a décidé
que l'art. 2257 est applicable à la prescription en général aussi bien à la prescription acquisitive qu'à la prescription extinctive : l'art. 2257, en effet, n'est pas conçu
en termes exclusifs (Cass., 28 juillet 1862 ; Sir., 1862,
1,236). Cette opinion doit être rejetée. L'art. 2257 est
formel : s'il ne parle que de *créance*, c'est qu'il n'a pas
la portée générale qu'on voudrait lui attribuer. Le
texte fût-il même obscur, les principes qui régissent
la prescription suffiraient à lever tous les doutes et à
démontrer, combien est contestable l'analogie prétendue. La prescription extinctive a pour fondement la
négligence du créancier à poursuivre ses droits ; or, en
n'exerçant pas de poursuites, le créancier à terme n'est
pas en faute, puisque c'est la loi qui lui ordonne l'inac-
tion ; on comprend donc que la prescription soit
suspendue à son profit. Toute autre est la situation

12

à l'égard du détenteur : s'il prescrit, c'est parce qu'il a possédé ; donc, dès lors que sa possession réunit les caractères légaux, il peut prescrire, sans qu'il y ait à rechercher si, pour une cause quelconque, le propriétaire a été empêché d'agir. Le propriétaire, du reste, a un moyen de sauvegarder ses droits en formant une demande contre le tiers acquéreur ; c'est une mesure conservatoire, qui interrompra la prescription.

DEUXIÈME PARTIE

LOIS POSTÉRIEURES AU CODE CIVIL

L'action résolutoire, telle qu'elle était organisée par le Code civil, donnait lieu aux critiques les plus graves. Elle crée, en effet, une situation dangereuse pour les tiers et par contre-coup pour l'acheteur, en rendant la propriété incertaine. Il arrive constamment dans la pratique qu'un capitaliste prête son argent en le plaçant dans une grande entreprise ; comme garantie, il reçoit hypothèque sur un immeuble qui n'a pas été payé ; le vendeur vient ensuite exercer la résolution et le prêteur se trouve alors menacé, puisqu'il n'a plus de garantie. Ce résultat n'est-il pas désastreux, quand on songe surtout qu'il n'a pas la ressource de la purge à l'égard du droit de résolution ?

Supposons encore que l'acheteur devienne insolvable, après avoir grevé d'hypothèques l'immeuble acheté et non payé. L'ordre est ouvert : les créanciers hypothécaires produisent leurs titres, se font payer, puis l'ordre est clos. A ce moment se présente le vendeur, armé de son action résolutoire : l'ordre est anéanti et les créanciers payés se voient contraints de rapporter l'argent qu'ils ont reçu. Bien plus, l'adjudicataire, qui avait les meilleures raisons de se croire propriétaire incommutable, se trouve dépouillé de l'immeuble acquis.

Remarquons-le, d'ailleurs, les tiers sont surpris ici : rien ne les avertit de l'éventualité de cette action en résolution, qui n'est pas soumise à la publicité; c'est après avoir traité en toute confiance, en supposant que le prix de l'immeuble a été payé, qu'ils se trouvent évincés par le propriétaire.

De tels inconvénients devaient amener le trouble dans la circulation des biens. Les capitalistes, menacés d'être dépouillés, ne prêtaient pas et n'achetaient pas, ou, s'ils consentaient à traiter, c'était à des conditions extrêmement rigoureuses; l'acheteur, qui n'avait pas payé, voyait donc son crédit paralysé, et, comme résultat final, la richesse publique était atteinte.

L'action en résolution était donc condamnée par l'économie politique. De plus, au point de vue juridique, elle produit ce singulier résultat, que le vendeur arrive indirectement à méconnaître le rang établi par la loi entre les créanciers privilégiés, et à frustrer les créanciers à privilège général qui lui sont préférables. Ajoutons qu'elle est injuste pour l'acquéreur, puisqu'elle le prive en faveur du vendeur de la plus-value, résultant de travaux qu'il a pu effectuer sur l'immeuble. Si l'on ajoute que le pacte commissoire tacite datait, pour ainsi dire, du Code civil, puisqu'il n'était pas admis à Rome et que l'ancien droit l'avait entouré de restrictions, on comprendra, sans peine, que le droit de résolution ait été, à plusieurs reprises, vivement attaqué devant les Chambres, qu'on en ait demandé la suppression.

Il a survécu néanmoins, mais restreint à l'égard des tiers, et soumis désormais au régime de la publicité.

La première réforme fut faite en 1833, en faveur de l'État, dans la loi sur l'expropriation pour cause d'utilité publique. On s'occupa ensuite de l'acquéreur dans le cas de revente judiciaire : la loi du 3 mai 1841 organisa la publicité de la résolution dans les adjudications sur saisie immobilière. Plus tard, enfin, un dernier pas fut fait au profit des acquéreurs de droits dans les ventes amiables. La loi du 23 mars 1855 sur la transcription en matière hypothécaire, solidarisa le privilège et l'action en résolution, à l'égard des tiers.

Nous allons reprendre successivement les dispositions de ces différentes lois relatives à l'action résolutoire.

LOI DU 31 MAI 1841

L'art. 18 de cette loi, qui reproduit l'art. 18 de la
loi du 7 juillet 1833, décide que, dans le cas d'expropriation pour cause d'utilité publique, le droit du vendeur, comme de tous ceux qui ont une action en rescision, sera transporté de la chose sur le prix, c'est-à-
dire sur l'indemnité d'expropriation.

Ce principe prévalut sans difficulté; car il n'y avait
que deux partis à prendre à l'égard du vendeur non
payé; il fallait décider qu'il pourrait déposséder définitivement l'administration, ce qui eût été contraire à
l'intérêt public, ou reconnaître à l'administration le
droit de l'exproprier à son tour ce qui eût entraîné
deux expropriations au lieu d'une.

LOI DU 2 JUIN 1841

Sous l'empire du Code de procédure, la situation
faite aux adjudicataires dans l'hypothèse d'une saisie
immobilière, était fort précaire. Nous l'avons déjà dit,
après avoir traité avec une confiance d'autant plus
grande que la vente est faite en justice, ils se voyaient,
à l'improviste, dépouillés de l'immeuble, par l'exercice
de l'action en résolution du vendeur. — Le danger
était d'autant plus grand pour eux, qu'ils n'avaient aucun moyen de vérifier l'incommutabilité du droit qu'ils

acquéraient. S'adresseront-ils au saisi? Cela n'est pas possible; ils ne sont pas mis en rapport avec lui, ils ne peuvent donc lui demander communication de ses titres. Connussent-ils d'ailleurs le saisi, il est peu probable que celui-ci montre de la complaisance à les renseigner sur l'origine de sa propriété, mécontent qu'il doit être de la mesure dont il est l'objet. Le résultat se devine: les amateurs menacés se retirent, et la vente ne monte pas.

Il fallait donc trouver un moyen d'attirer les enchérisseurs, afin d'obtenir le plus haut prix possible dans l'adjudication. Tel est le but qu'ont atteint la loi du 2 juin 1841 pour l'adjudication sur saisie, et la loi du 21 mai 1858 pour l'adjudication sur surenchère à la suite de purge.

Tout le monde était d'accord devant les Chambres sur la nécessité de protéger l'adjudicataire: on variait seulement sur la manière d'y parvenir. Fallait-il maintenir l'action en résolution en la subordonnant à certaines conditions de publicité, ou fallait-il la supprimer dans le cas de saisie immobilière, après que le jugement d'adjudication aurait été rendu?

Le premier système fut défendu d'abord. Certaines personnes demandaient que l'action résolutoire fût maintenue en exigeant seulement qu'elle fût notifiée au poursuivant ou mentionnée au cahier des charges. On répondit que si l'action en résolution survivait à l'adjudication, les inconvénients qu'on voulait éviter se

reproduiraient; les enchérisseurs seraient bien prévenus du danger à courir, mais le danger existerait
toujours.

Aussi cette opinion fut-elle écartée et l'on arriva à
la rédaction de l'art. 717 dont il faut rapprocher l'article 692 (Code de proc.). En principe, dès que l'adjudication est prononcée, le vendeur antérieur ne peut
plus se prévaloir de son droit de résolution; l'adjudicataire est donc en sûreté. Mais, en même temps, la loi
a pris des mesures destinées à sauvegarder les droits
du vendeur non payé, en lui permettant d'intenter
l'action en résolution avant l'adjudication; le vendeur
est lié à la procédure. Nous en concluons que toutes
les fois que le vendeur, sans qu'il y ait faute de sa part,
n'a pas été lié à la procédure dans les termes de l'article 692, il ne sera pas déchu de son droit de résolution, l'art. 717 cessera d'être applicable. Voyons maintenant les décisions de la loi.

Le vendeur a-t-il fait inscrire son privilège, sommation lui est faite de prendre communication du cahier
des charges. La sommation porte, qu'à défaut de former sa demande en résolution et de la notifier au greffe
avant l'adjudication, il sera définitivement déchu, à
l'égard de l'adjudicataire, du droit de la faire prononcer
(art. 692).

« Si la demande a été notifiée en temps utile, il est
sursis à l'adjudication, et le tribunal fixe un délai, dans
lequel le vendeur est tenu de mettre à fin l'instance en

résolution. Le poursuivant pourra intervenir dans l'instance. — Ce délai expiré sans que la demande en résolution ait été définitivement jugée, il sera passé outre à l'adjudication, à moins que, pour des causes graves et dûment justifiées, le tribunal n'ait accordé un nouveau délai pour le jugement en résolution. — Si, faute par le vendeur de se conformer aux prescriptions du tribunal, l'adjudication avait eu lieu avant le jugement de la demande en résolution, l'adjudicataire ne pourrait pas être poursuivi à raison des droits des anciens vendeurs, sauf à ceux-ci à faire valoir, s'il y avait lieu, leurs titres de créance, dans l'ordre et la distribution du prix de l'adjudication » (art. 717).

Le vendeur a-t-il omis de faire inscrire son privilège, aucune notification ne lui est faite, et il est déchu de son droit de résolution, à moins qu'il n'agisse de son propre mouvement. Mais, si le vendeur, ayant pris inscription, n'avait pas été mis en demeure d'exercer son action, il faut dire que l'art. 717 ne serait plus applicable, parce que, dans cette hypothèse. Le vendeur n'est pas en faute, n'ayant pas été lié à la procédure.

Nous avons vu que la sommation exigée par l'article 692 doit contenir une double mention. Le vendeur est averti : 1° Qu'il doit prendre communication du cahier des charges ; 2° que s'il ne forme pas sa demande dans le temps prescrit, il sera déchu de son droit de résolution. Que déciderons-nous dans le cas où la deuxième mention aurait été omise ? Nous admettons dans cette hypothèse que le vendeur conserve le droit d'exercer l'action. En effet, l'art. 715 porte que les formalités prescrites par l'art. 692 seront observées à peine de nullité ; or, la deuxième mention est prescrite par cet article ; il en résulte que la sommation est nulle, et que, par conséquent, le vendeur n'a pas été mis en demeure d'exercer son action.

Quelle sera maintenant la conséquence de cette nullité ? Doit-on décider que la clôture de l'ordre amenant la radiation de tous les créanciers non produisants, le vendeur qui ne s'est pas présenté se trouve déchu de son droit ? Il faudrait alors, bien entendu, accorder au vendeur un recours contre la personne coupable de l'omission, dans l'acte qui lui a été signifié. Mais cette solution nous semble inadmissible ; la loi ne peut frapper de déchéance que les créanciers qui, par leur faute, n'ont pas été prévenus de l'adjudication, ainsi le vendeur, lorsqu'il n'a pas fait inscrire son privilège ; mais elle ne peut avoir en vue le vendeur, qui n'a rien à se reprocher, et le rendre victime de l'erreur commise par un tiers. En conséquence, l'action du vendeur demeurera intacte à l'encontre de l'adjudicataire (M. Rodière, *Proc. civ.*, II, p. 363).

Si le prix de vente n'était pas exigible, il faudrait admettre, néanmoins, le vendeur à former l'action en résolution ; autrement, on arriverait à cette conséquence injuste, de l'empêcher d'agir avant le jugement d'adjudication, parce qu'il serait trop tôt et de l'em-

pêcher d'agir après, parce qu'il serait trop tard. Le
texte de l'art. 717, d'ailleurs, est conçu en termes généraux ; il doit donc recevoir son application, soit que
le payement du prix doive être exécuté sans retard,
soit, au contraire, qu'un délai ait été accordé par le
contrat à l'acheteur.

Supposons qu'une saisie immobilière soit régulièrement formée. Le vendeur, créancier à terme, intente
l'action en résolution. Que deviendra cette demande,
si, dans la suite, le créancier saisissant donne mainlevée de la saisie? La Cour de cassation a décidé avec
raison (Rej. 11 avril 1866 ; Sir., 1866, 1, 513) que la
mainlevée de la saisie avait pour effet de faire tomber
la demande en résolution formée par le vendeur, et
d'obliger par conséquent celui-ci à agir à nouveau,
dans les termes du droit commun. On sontenait que le
vendeur ayant intenté l'action résolutoire, il y avait
pour lui une situation acquise ; et que, comme il restait étranger à la mainlevée de la saisie, celle-ci ne
pouvait pas lui nuire. La Cour répondit que l'intérêt
du vendeur importait peu ici. L'art. 717 a eu pour but
de protéger l'adjudicataire, et si le vendeur, dont le
terme n'est pas échu, peut agir dans le cas de saisie,
c'est pour que l'adjudicataire ne soit pas ultérieure-
ment troublé dans sa propriété. Si donc, le saisissant
donne mainlevée de la saisie, l'intérêt de l'adjudication disparaissant, les choses sont rétablies dans le
même état qu'avant la saisie : le vendeur est dans la

même situation que s'il n'avait pas formé de demande,
et comme, d'un autre côté le payement n'est pas encore
exigible, il devra attendre, pour agir, l'expiration dn
terme.

L'art. 717 ne serait pas applicable, s'il s'agissait
d'une vente de biens de mineurs. Nous avons observé,
en effet, que la disposition de l'art. 717 supposait que
le vendeur avait été lié à la procédure par une sommation ; or, lorsque les biens vendus appartiennent à un
mineur, aucune notification n'est adressée ni aux
créanciers, ni au vendeur précédent. Celui-ci doit donc
conserver, malgré l'adjudication, son droit de résolution à l'encontre de l'adjudicataire. Remarquons, d'ailleurs, que l'art. 964 du Code de procédure, qui déclare
communs à la vente de biens de mineurs un certain
nombre d'articles du chapitre de la saisie immobilière,
ne renvoie pas à l'art. 717, ce qui est significatif.

La Cour de Paris a décidé (14 août 1851, Sir., 1852,
2, p. 49) que l'art. 717 n'était pas applicable dans le
cas où une saisie pratiquée, a été ensuite convertie en
vente volontaire. Cette solution s'explique par ce motif
que les dispositions de l'art. 717 constituent une déchéance à l'égard du vendeur; il en résulte qu'elles
doivent être restreintes au cas pour lequel elles ont été
faites, c'est-à-dire au cas d'adjudication sur saisie
mobilière.

Supposons enfin le cas d'adjudication sur surenchère au cas d'aliénation volontaire. Voici l'espèce :

Un immeuble hypothéqué étant passé entre les mains
d'un tiers détenteur, celui-ci adresse aux créanciers
des notifications à fin de purge et un des créanciers
fait la surenchère du sixième ; l'adjudication sur surenchère opère-t-elle la purge de l'actioa résolutoire ?
—MM. Aubry et Rau (IV, § 356, n° 58) ont soutenu la
négative, en se fondant sur le texte de l'art. 838 du
Code de procédure. Cet article déclare applicables, au
cas de surenchère sur aliénaiton volontaire, certains
articles de la procédure de saisie immobilière, entre
autres, l'art. 717 ; mais il s'abstient de mentionner
l'art. 692, c'est-à-dire la sommation à défaut de laquelle l'art. 717 cesse de recevoir son application ; le
vendeur pourra donc, après l'adjudication, poursuivre le
surenchérisseur.—Cette interprétation ne nous semble
pas exacte. Si l'art. 838 ne renvoie pas à l'art. 692,
c'est qu'il était inutile de le faire ; l'art. 717 ne
pouvant recevoir d'effet que si les mentions prescrites
par l'art. 692 ont été faites, le législateur a dû croire
qu'un renvoi unique à l'art. 717 était suffisant, et
qu'il comprenait implicitement l'art. 692. Il faut reconnaître que la loi de 1858 aurait été bien mal conçue,
si elle avait laissé l'adjudicataire exposé aux poursuites
des précédents vendeurs. Tel n'a pu être son esprit.
Aussi, pensons-nous que le vendeur doit recevoir sommation, conformément à l'art. 692, et qu'il se trouve
ainsi lié à la procédure. Dès lors, on peut, sans incon-

vénient, s'il ne se présente pas, le priver de son droit de résolution (Boitard, *Proc. civ.*, II, n° 1098).

LOI DU 23 MARS 1855

Les lois du 2 juin 1841 et du 21 mai 1858 protégeaient sans doute l'acheteur, mais dans le cas de vente judiciaire seulement. Les acheteurs, dans les ventes amiables, et les tiers, qui traitaient avec eux, demeurés sous l'empire du Code, se trouvaient dans une situation très fâcheuse, sous la menace de l'action en résolution du vendeur non payé, ce qui, comme nous l'avons indiqué plus haut, apportait des entraves notables à la circulation des biens.

Il est vrai que le vendeur avait aussi un privilège, contre lequel personne ne s'élevait; mais cela tenait aux effets moins rigoureux qu'il produisait. Ainsi, le privilège, dans le cas d'une sous-aliénation, peut être purgé. Au contraire, il n'y a aucune procédure de purge à l'égard du droit de résolution. Ainsi encore, le privilège ne tendant qu'à faire obtenir le payement, les créanciers hypothécaires conservent l'excédant de la valeur de l'immeuble sur le prix resté dû; au contraire, l'évanouissement de leurs hypothèques serait la conséquence forcée du droit de résolution. Enfin, alors que le privilège ne leur était opposable qu'autant qu'il avait été rendu public, ils restaient exposés à l'action en résolution, sans qu'aucune condition de publi-

cité fût exigée pour la conserver; il en résultait que
l'extinction du privilège ne les mettait pas à l'abri de
l'exercice de l'action.

C'est ce dernier résultat surtout, si choquant, puisqu'il trompe la bonne foi des tiers, qui amena la réforme du régime hypothécaire en 1855.

Déjà, en 1850 et en 1851, l'Assemblée législative
avait été saisie de la question. Plusieurs systèmes
étaient en présence. Certaines personnes proposaient
d'étendre la loi du 2 juin 1841 aux ventes amiables :
le vendeur, prévenu par des notifications à fin de purge,
aurait été tenu de déclarer, à peine de déchéance,
s'il entendait user de son droit de résolution. —
Plus radicale, la Commission voulait la suppression
à peu près complète de l'action en résolution : elle
n'aurait plus été opposable aux tiers, à moins que le
vendeur n'eût mentionné sa demande en résolution
antérieurement à l'inscription, ou à la transcription
de leurs titres. — Les jurisconsultes de l'Assemblée
protestèrent contre ce projet, M. Valette surtout; il
démontra qu'il tendait à compromettre la fortune publique, en empêchant les ventes à terme ; il était certain que, si le vendeur voyait ses garanties diminuées
par la suppression du droit de résolution, il ne con-
sentirait plus à courir les risques d'une vente à terme ;
en conséquence, il ne pourrait plus exiger de prix
aussi élevé, ce qui serait préjudiciable à tous.

Le garde des sceaux, M. Rouher, soutint le système;

qui prévalut, et qui consistait à subordonner l'action résolutoire à l'existence du privilège. Cette opinion allait devenir loi, lorsque les événements politiques appelèrent l'Assemblée à d'autres occupations. En 1855, la discussion fut reprise et M. Rouher fit prévaloir son ancienne idée dans un amendement qui est devenu l'art. 7 de la loi du 23 mars 1855.

Voici le texte de cet article : « L'action résolutoire établie par l'art. 1654 du Code civil, ne peut être exercée, après l'extinction du privilège du vendeur, au préjudice des tiers qui ont acquis des droits sur l'immeuble du chef de l'acquéreur, et qui se sont conformés aux lois pour les conserver.

On a exprimé cette idée sous une forme brève en disant que la loi de 1855 avait solidarisé le privilège et le droit de résolution du vendeur. La solidarité, toutefois, n'est pas complète ; ainsi, le privilège dans l'hypothèse de l'art. 717, Code de procédure, pourra être exercé, même après la perte du droit de résolution. Inversement, il peut arriver que le privilège étant éteint, le droit de résolution subsiste ; cela tient à ce motif que le droit de résolution n'est pas perdu d'une manière absolue, mais seulement à l'égard des tiers.

Il résulte du texte de l'art. 7 que la perte de l'action résolutoire est soumise à trois conditions, dont les deux dernières sont intimement liées. Il faut :

1° Que le privilège soit éteint ; 2° que les tiers aient acquis des droits sur l'immeuble du chef de l'acheteur ;

3° que ces tiers aient conservé leurs droits en se conformant aux lois.

Nous allons étudier successivement ces trois conditions dans deux paragraphes, en réunissant la troisième à la deuxième.

I. Extinction du privilège

Nous serons bref sur ce point qui dépasse un peu les limites de notre sujet.

En principe, toutes les fois que le privilège est perdu, pour quelque motif que ce soit, l'action en résolution cesse de pouvoir être exercée.

Voici une hypothèse très simple dans laquelle l'art. 7 recevra son application : Primus vend son immeuble à Secundus qui ne transcrit pas le contrat de vente. Secundus revend à Tertius qui fait transcrire son titre avant l'expiration des quarante-cinq jours qui suivent la première vente, et sans que, dans le même délai, le privilège de Primus ait été rendu public. Le privilège de Primus est alors éteint (art. 6 de la loi du 23 mars 1855); il ne pourra donc plus agir en résolution.

D'après les art. 2146 du Code civil et 448 du Code de commerce, sont nulles toutes inscriptions prises postérieurement au jugement déclaratif de la faillite. Ces dispositions sont-elles applicables au privilège du vendeur ? — M. Pont (*Privil.*, n° 903) a soutenu que le privilège du vendeur subsiste après la faillite. Suivant cet auteur, l'art. 448 du Code de commerce étant une mesure de rigueur, doit être interprété restrictivement; or, il ne parle que d'*inscription*; le privilège du vendeur se conservant par la transcription, il faut donc dire que cette transcription conservera le privilège, alors même qu'elle aurait été faite après le jugement déclaratif de faillite. — Ce raisonnement n'est pas exact, car, aux termes de l'art. 2108 du Code civil, la transcription de la vente vaut inscription pour le vendeur; l'inscription n'étant plus possible, il doit en être de même de la transcription.

M. Pont invoque un autre argument. Depuis la loi du 23 mars 1855, la transcription est nécessaire pour transférer la propriété. Jusqu'à la transcription, le vendeur reste propriétaire; en effet, il peut valablement concéder des droits réels sur l'immeuble. Donc, lorsque la transcription sera requise par le syndic, le bien entrera dans le patrimoine de l'acheteur avec toutes les charges qui le grevaient, *cum suo onere*, et en particulier avec le privilège du vendeur. Cette raison n'est pas mieux fondée que la première. La loi de 1855 n'a pas eu pour effet de modifier les rapports des parties entre elles, et la transcription qu'elle édicte n'est nécessaire qu'à l'égard des tiers. Le vendeur ne peut donc se prévaloir du défaut de transcription; car, d'après l'art. 1583, c'est du jour même de la vente

13

qu'il a cessé d'être propriétaire. Par suite, le privilège du vendeur ne pourra plus être inscrit après la faillite de l'acheteur, et il ne sera pas opposable aux créanciers de la masse (M. Rataud, à son cours).

De même, le privilège ne pourrait plus être inscrit après le décès de l'acheteur, si la succession était acceptée sous bénéfice d'inventaire.

Une personne, sur le point d'acheter un immeuble, demande un état des charges qui grèvent l'immeuble. Supposons que le conservateur omette la mention du privilège du vendeur, celui-ci perd son droit de suite contre le sous-acquéreur; en effet, l'art. 2193 décide que les créanciers, dont les droits auraient été omis, n'auront plus qu'un droit de préférence sur le prix. Dans ces conditions, le droit de résolution est éteint.

Il en serait encore ainsi dans le cas de novation, ou de renonciation du créancier à son privilège.

L'action en résolution est-elle éteinte dans le cas de purge? Nous écartons le cas où la purge aboutit à une adjudication sur surenchère; dans cette hypothèse l'action serait éteinte en vertu de l'art. 717 du Code de procédure. Nous supposons que le prix offert par le sous-aliénateur est accepté par les créanciers hypothécaires ou privilégiés; le vendeur qui a gardé le silence conserve-t-il son droit de résolution? L'hésitation n'est pas possible en présence des termes de l'art. 2180. Cet article cite au nombre des modes d'extinction du privilège l'accomplissement des formalités et conditions prescrites au tiers détenteur pour purger les biens par eux acquis : le privilège est donc éteint, dès que ces formalités sont remplies et la purge opérée. On objecte, il est vrai, l'art. 2186, d'après lequel le nouveau propriétaire est libéré en payant son prix aux créanciers qui seront en ordre pour recevoir. Il résulte de cette disposition, dit-on, que le privilège n'est pas éteint ; la purge n'a qu'un effet, elle fixe définitivement le prix ; le droit de suite disparaît, mais non le droit de préférence. — Cette argumentation est faible. Sans doute, c'est seulement le payement du prix par le tiers acquéreur qui produira l'extinction complète du privilège ; mais il en sera de même de l'action en résolution ; l'extinction des deux droits est conditionnelle. Le privilège, d'ailleurs, n'a d'importance pour le tiers acquéreur que lorsqu'il s'exerce sous forme de droit de suite ; peu lui importe que le droit de préférence survive, ou non ; donc, du moment que le privilège se trouve dépourvu du droit de suite, l'action résolutoire ne peut plus être intentée contre le tiers acquéreur. La jurisprudence est fixée en ce sens (Voy. trib. Périgueux, 15 mai 1877, *Droit*, 12 septembre ; Poitiers, 15 mai 1878, *Droit*, 4 juin ; Rej., 10 juin 1879, *Gazette des trib.*, 11 novembre).

Que faut-il décider dans le cas où le privilège, subsistant encore au moment où l'action résolutoire a été intentée, s'est éteint dans le cours de l'instance à défaut de renouvellement ? Nous pensons que l'action résolu-

toire doit suivre son cours, malgré l'extinction du privilège. En effet, le jugement qui intervient ultérieure-
ment, rétroagit au jour de la demande; et l'on ne comprendrait pas que le vendeur souffrît des lenteurs de la
justice. Il résulte, d'ailleurs, de l'art. 7 *a contrario*, qu'il
suffit que l'action ait été *exercée* avant l'extinction du
privilège, pour que cette extinction ne puisse pas lui
être opposée (Rej., 3 août 1868; Dal., 1868, 1, 149).
Ajoutons enfin que l'intention du législateur en édictant l'art. 7 a été d'empêcher le vendeur de faire revi-
vre indirectement un privilège éteint; or au moment où
l'action a été intentée le privilège existait encore.

II. Acquisition et conservation par un tiers d'un droit réel sur l'immeuble

Quels sont les tiers qui peuvent invoquer le bénéfice
de l'art. 7? Ce sont ceux qui ont acquis des droits sur
l'immeuble et qui se sont conformés aux lois pour les
conserver.

Cette formule comprend les créanciers hypothécaires ou privilégiés de l'acheteur; de même les sous-
acquéreurs qui tiennent leurs droits de l'acheteur. —
Elle s'étend aussi aux donataires de l'acheteur. En
effet, l'acte ne distingue pas entre les actes à titre onéreux et les actes à titre gratuit. Le donataire qui a
transcrit, c'est-à-dire conservé son droit, ne doit pas
être plus maltraité qu'un acheteur. Il a dû compter que

son titre le mettait à l'abri de toute action du vendeur, ce qui lui a permis de conférer à son tour des droits sur le bien. Ne voit-on pas, dans quelle situation fâcheuse il se trouverait, et, par conséquent, quel trouble serait apporté au crédit, si, son droit n'étant pas opposable au vendeur, les droits qu'il a conférés étaient résolus ?

Nous supposons, bien entendu, que ces différentes personnes ont fait transcrire ou inscrire leurs droits. Que décider relativement aux droits que la loi dispense de toute publicité, tels que privilèges généraux de l'article 2101, ou hypothèques légales de mineur, de l'interdit et de la femme mariée? Faut-il admettre que l'action en résolution leur sera opposable malgré l'extinction du privilège du vendeur? Bien que cette solution résulte rigoureusement du texte de l'art. 7, nous ne croyons pas cependant devoir l'admettre ; elle serait trop contraire à l'idée de protection et de faveur qui anime le législateur à leur égard. Nous pensons qu'elle ne leur sera pas plus opposable qu'aux tiers qui ont publié leurs droits.

A l'inverse, on ne doit pas considérer comme tiers les personnes suivantes :

1° L'acheteur, car la loi de 1855 n'a pas eu pour effet de régler les rapports des parties, qui restent soumises aux art. 1184 et 1654. Cette solution, qui ne fait pas de doute, a été d'ailleurs admise par la jurisprudence (Lyon, 6 avril 1865 ; Sir., 1866, 2, 196). Ainsi,

le vendeur, dont le privilège n'a pas été inscrit avant la
faillite de l'acquéreur, n'en conserve pas moins le droit
d'exercer l'action résolutoire contre ce dernier, alors
surtout qu'un concordat l'a réintégré dans la libre disposition de ses biens;

2° Les tiers précédemment nommés qui n'auraient
pas conservé leurs droits ;

3° Les héritiers ou successeurs universels de l'a-
cheteur : ils succèdent à ses obligations;

4° Les créanciers chirographaires de l'acheteur :
en effet, on ne peut pas dire qu'ils ont des droits sur
l'immeuble. Ainsi, l'action résolutoire leur sera opposable, malgré l'extinction du privilège.

L'art. 7 ne serait pas applicable dans le cas de saisie. Nous nous plaçons à une époque antérieure au jugement d'adjudication, car, après le jugement, l'action
en résolution serait purgée (art. 717, Code de proc.).
Si la saisie n'est pas opposable au vendeur, c'est qu'elle
ne confère aucun droit réel aux créanciers chirographaires de l'acheteur : ceux-ci ne sont donc pas des
tiers aux termes de l'art. 7.

L'art. 7 est-il applicable en cas de faillite? On suppose que l'acheteur est tombé en faillite avant que le
privilège du vendeur n'ait été conservé. On se demande
si, dans cette hypothèse, le vendeur est déchu de son
action résolutoire. Nous savons que le créancier ne
peut plus opposer son privilège à la masse. En est-il de
même de l'action résolutoire? L'intérêt de la question

est considérable pour le vendeur ; s'il ne peut agir en résolution, il viendra en concours avec tous les créanciers ; s'il conserve l'action, il reprendra l'immeuble.

Nous écarterons d'abord deux systèmes. Le premier est soutenu par M. Demangeat (*Droit commercial*, V, p. 292, note). Suivant cet auteur, les créanciers de la faillite ne sont pas des tiers aux termes de l'art. 7 ; ils ne pourront donc jamais opposer au vendeur l'extinction de son droit de résolution. L'art. 7, en effet, semble se lier à l'art. 6. Or, cet article ne s'occcupe du tiers qu'au point de vue du droit de suite ; c'est ce qui résulte des derniers mots « nonobstant toute transcription d'actes faits dans ce délai ; » il suppose que l'immeuble est sorti des mains de l'acheteur, qu'il a été sous-aliéné. On doit en conclure que le mot « tiers » a le même sens dans l'art. 7 ; ce sont des tiers acquéreurs de l'acheteur, ses acheteurs et leurs créanciers hypothécaires ou privilégiés, mais non pas les créanciers de l'acheteur primitif. Peu importe donc que les créanciers de la faillite aient ou non un droit réel ; ils ne sont pas des sous-acquéreurs de l'acheteur ; partant ils restent sous l'empire du droit commun.

Cette théorie est contredite par les termes mêmes de l'art. 7. Quels sont les tiers visés ? Ce sont ceux qui ont acquis des droits sur l'immeuble du chef de l'acquéreur et qui se sont conformés aux lois pour les conserver. Les créanciers privilégiés ou hypothécaires ont des droits sur l'immeuble aussi bien que le sous-acquéreur : il n'y a pas de raison pour distinguer entre eux. Le rapprochement proposé nous semble d'autant plus arbitraire, que l'on retrouve la même définition du mot « tiers, » dans l'art. 3, et que là, tout le monde accorde qu'il ne s'applique pas moins aux créanciers hypothécaires, qu'à l'acheteur. La question est de savoir si les créanciers de la faillite ont un droit réel sur l'immeuble ; si on le leur reconnaît, ils pourront invoquer le bénéfice de l'art. 7 ; si on le leur refuse, c'est alors que les principes du Code civil leur seront applicables.

D'après le deuxième système, le jugement déclaratif de faillite ferait acquérir à la masse un droit réel sur les biens du détenteur failli, de sorte que l'action résolutoire du vendeur ne pourrait plus s'exercer à l'encontre des créanciers chirographaires.

Mais quel serait ce droit réel ? Le jugement déclaratif opère, sans doute, le dessaisissement du failli ; l'administration de ses biens lui est retirée et confiée aux créanciers, afin qu'ils puissent empêcher leur débiteur de diminuer leur gage, en contractant de nouvelles dettes ; mais il ne transfère pas la propriété des biens du failli à la masse. Serait-ce un droit d'hypothèque ? On sait que le syndic de la faillite doit prendre une inscription d'hypothèque sur les biens du failli ; mais cette hypothèque ne peut résulter du jugement, puisque le jugement ne prononce pas de condamnation, qu'il se borne à constater un fait ; elle est légale, et c'est à la date de son inscription que les droits des créanciers sont modifiés. Jusque là les créanciers n'ont donc pas de droit réel; ils administrent les biens de leur débiteur, et, s'ils exercent un droit, qui s'y trouvait compris, c'est en son lieu et place; ils ne pourront donc pas repousser l'action résolutoire du vendeur, puisque l'acheteur lui-même n'aurait pu le faire.

Voici maintenant quelle est notre opinion. Jusqu'à l'inscription de l'hypothèque ordonnée par l'art. 490 du Code de commerce, la masse n'a pas de droit sur l'immeuble. Mais, dès que l'hypothèque est inscrite, elle confère aux créanciers un véritable droit réel. Cette hypothèque présente de l'analogie avec l'hypothèque des légataires, en ce qu'elle est légale, et qu'elle doit être publiée pour être opposable aux tiers. Comme, d'ailleurs, le privilège du vendeur est éteint à l'égard de la masse à partir du jugement déclaratif (art. 2146), les créanciers n'ont pas à redouter l'action en résolution de la vente.

Contre ce système on a élevé deux sortes d'objection : les uns ont dit que l'inscription ne conférait pas une véritable hypothèque aux créanciers; les autres que le privilège n'était pas éteint.

Première objection. — L'inscription prescrite par l'art. 490 ne fait pas acquérir un droit d'hypothèque à la masse. Le principe, en matière de faillite, c'est de maintenir l'égalité entre les créanciers, en empêchant leurs positions respectives de se modifier : or, ce serait

empirer la position du vendeur à l'égard des autres
créanciers, que de permettre à ceux-ci d'acquérir un
droit réel qui lui serait opposable. Aussi bien, les travaux préparatoires du Code de commerce montrent-ils
clairement que l'inscription n'a eu pour but que de
donner une grande publicité à la faillite.

Cette objection est nettement contredite par les termes de l'art. 517 du Code de commerce, qui est ainsi
conçu : « L'homologation du concordat *conservera* à
chacun de ses créanciers sur les immeubles du failli,
l'hypothèque inscrite en vertu de l'art. 490. » Les
créanciers avaient donc acquis une hypothèque par
l'effet de l'inscription ; et devant une disposition aussi
claire, il est inutile de se reporter à ce qui a été dit dans
les travaux préparatoires.

Deuxième objection. — La masse acquiert bien un
droit d'hypothèque par l'inscription ; mais, pour que
la disposition de l'art. 7 soit applicable, il faut, en outre, que le privilège soit éteint ; or, le privilège du vendeur, dans notre hypothèse, n'est pas éteint, il est seulement paralysé ; qu'on suppose, en effet, que le failli,
en vertu d'un concordat, soit remis à la tête de ses
affaires, et fasse de nouvelles dettes, le privilège du
vendeur se réveillera et pourra être opposé à ces nouveaux créanciers. C'est la doctrine de la Cour de cassation (Cass., 1er mai 1860, *Journ. du Palais*, p. 271, et
suiv.).

Il est vrai que le privilège n'est pas éteint d'une manière absolue, à l'égard des tiers, et que, si le failli obtient un concordat, le vendeur verra renaître son privilège à l'encontre de nouveaux créanciers. Mais, que nous importe, s'il est éteint à l'égard de la masse ! Nous n'avons pas à rechercher ce que devient le privilège vis-à-vis de toute personne : nous étudions seulement les rapports du vendeur avec la masse, et ne serait-il pas absurde de dire que la masse doit subir le droit de résolution, parce que d'autres le subissent ? Or, d'après les art. 2146 du Code civil et 448 du Code de commerce, le privilège du vendeur, qui n'a pas été rendu public avant la faillite de l'acheteur, ne peut pas être opposé à la masse : il est donc, pour eux, inexistant.

Nous savons que les inscriptions prises par les créanciers d'une succession, après l'ouverture, ne produisent pas d'effet, lorsque la succession est acceptée sous bénéfice d'inventaire. Le vendeur, qui ne pourra plus inscrire son privilège à l'encontre des créanciers chirographaires de la succession, pourra-t-il néanmoins exercer contre eux l'action résolutoire ? Oui, car si l'on peut dire que le privilège du vendeur est éteint à leur égard, il faut reconnaître qu'ils ne remplissent pas la deuxième condition requise par l'art. 7 ; ils n'acquièrent pas de droit réel, ils ne sont pas des tiers.

Il en est ainsi, alors même qu'on admet que l'acceptation bénéficiaire produit la séparation des patrimoines et que la séparation des patrimoines est un privilège. En effet, il résulte de l'art. 2111 que la séparation des patrimoines n'a d'effet que contre les créanciers de l'héritier, et qu'elle ne peut donner aux créanciers de la succession de droit de préférence les uns à l'égard des autres : ils resteront donc toujours chirographaires vis-à-vis du vendeur.

L'art. 7 de la loi de 1855 ne renvoie qu'à l'art. 1654 du Code civil ; devons-nous l'étendre au cas de résolution conventionelle (art. 1656)? Il faut l'admettre sans hésiter. Il est vrai que l'art. 7 parle d'*action*, et que, dans l'art. 1656, la résolution s'obtient sans l'intervention de la justice. Mais le législateur ne s'est pas toujours exprimé ainsi dans un langage scientifique, et l'on doit supposer que, dans la rédaction de l'art. 7, il a fait une erreur d'expressions et mis *action en résolution* au lieu de *droit de résolution*. Le motif de la loi est, en effet, le même dans les deux cas : on a voulu protéger les tiers contre la résolution de la vente ; pourquoi seraient-ils moins dignes de protection dans le cas de résolution conventionnelle, que dans le cas de résolution légale ?

L'art. 11-4° décide que « le vendeur, dont le privilège serait éteint au moment où la présente loi deviendra exécutoire, pourra conserver, vis-à-vis des tiers, l'action résolutoire qui lui appartient, aux termes de l'art. 1654 du Code civil, en faisant inscrire son action au bureau des hypothèques, dans le délai de six mois, à partir de la même époque. » Voici l'hypothèse prévue dans ce texte : une vente a eu lieu avant le 1er janv. 1856,

c'est-à-dire avant la mise en exécution de la loi du
23 mars 1855. A cette date du 1ᵉʳ janvier 1856, le privilège du vendeur était éteint. En résulte-t-il que l'action
en résolution ne pourra plus être exercée? Non, dit
l'article, s'il la fait incrire dans les six mois, à dater du
1ᵉʳ janvier 1856. La loi a donc un certain effet rétroactif, puisqu'elle assujettit le vendeur à une formalité,
qui ne lui était pas opposée avant l'année 1856 ; mais,
aussi, elle le prévient, et lui laisse le temps de veiller
à la conservation de son droit.

Que faudrait-il décider, si le privilège ne s'éteignait
qu'après le 1ᵉʳ janvier 1856? Doit-on étendre à ce cas la
disposition de l'art. 11, ou décider que, dès l'instant de
l'extinction du privilège, l'action résolutoire ne sera
plus opposable aux tiers conformément à l'art. 7? Nous
pensons que, dans le silence de la loi, le délai de six
mois doit être accordé pour l'inscription, car, autrement, il serait injustement porté atteinte aux droits acquis du vendeur, qui n'est pas moins digne d'intérêt,
lorsque son privilège s'éteint le 15 janvier, par
exemple, que lorsqu'il s'éteint le 1ᵉʳ janvier.

En même temps qu'il rendait solidaires le privilège et l'action résolutoire du vendeur, le législateur de 1855 a édicté des dispositions destinées à
faire connaître aux tiers la résolution prononcée.
L'art. 4 décide que tout jugement prononçant la
résolution, nullité, ou rescision d'un acte transcrit, doit,
dans le mois, à dater du jour où il a acquis l'autorité de

la chose jugée, être mentionné en marge de la transcription faite sur le registre.

Il faut entendre le mot « jugement » dans un sens large, et l'appliquer non seulement dans le cas de pacte commissoire tacite, mais encore dans le cas de résolution expresse. Dans cette deuxième hypothèse, il est vrai, le jugement n'intervient pas pour *prononcer* la résolution, mais simplement pour la *constater*; et si l'on s'inspirait de la pure logique, on devrait déclarer l'art. 4 inapplicable. Mais, dans le langage de la pratique, le mot « prononcer » n'a pas un sens si limité.

Aussi, n'en restreindrons-nous pas la portée, surtout devant l'intention du législateur, qui a été de donner la publicité la plus grande à l'action résolutoire.

L'art. 4, toutefois, ne visant que les seuls jugements, et la disposition qu'il renferme ayant un caractère pénal, nous ne l'appliquerons pas à la résolution conventionnelle, lorsque les parties sont d'accord.

De même, dans le cas de pacte commissoire tacite, aucune publicité ne sera exigée, lorsque les parties conviennent de résoudre la vente sans jugement. Il en serait autrement, si cette convention cachait une rétrocession; la résolution, alors, étant un acte translatif de propriété immobilière, devrait être transcrite pour être opposable aux ayants cause de l'acheteur, dont les titres seraient postérieurs à la convention.

Le jugement ne doit être transcrit qu'autant qu'il a

acquis autorité de la chose jugée, c'est-à-dire qu'il n'est plus susceptible d'appel, ni d'opposition.

La publicité est obtenue par une mention du jugement en marge de l'acte résolu. Il faut donc que la vente ait été transcrite. On peut regretter que la loi n'ait pas exigé auparavant la mention de la demande en résolution ; car les tiers, qui traiteront avec l'acheteur, depuis la demande jusqu'au jugement, seront frappés sans avoir été avertis.

La mention doit être faite dans le mois qui suit le jour où le jugement a acquis l'autorité de la chose jugée. C'est l'avoué qui a obtenu le jugement qui doit la faire opérer. C'est donc l'avoué près le tribunal de première instance, si le jugement n'a pas été frappé d'appel, ou d'opposition, ou si la Cour confirme le jugement. En effet, d'après l'art. 472 du Code de procédure, l'exécution dans ce cas, appartient au jugement dont est appel, et le soin de rendre la décision publique nous semble bien être une exécution du jugement. Au contraire, si l'arrêt infirme le jugement en prononçant la résolution, c'est l'avoué près la Cour qui devra faire opérer la mention.

La sanction est une amende de 100 francs, prononcée contre l'avoué. On peut s'étonner que le vendeur ne soit pas tenu au même titre que l'avoué ; mais le texte n'en parlant pas, nous ne pouvons le rendre responsable du défaut de publicité, puisque la disposition est pénale.

L'avoué ne serait pas non plus passible de dommages et intérêts à l'égard des tiers, conformément à l'article 1382 du Code civil. Sans doute, l'amende de
100 francs est bien faible, et les tiers pourront éprou-
ver un préjudice par suite du défaut de mention du jugement. Mais la loi a établi comme sanction unique
l'amende, et il n'est pas probable qu'elle aurait gardé
le silence au sujet des dommages et intérêts, si elle
avait voulu rendre l'avoué responsable vis-à-vis des
tiers.

CHAPITRE VII

DE LA FOLLE ENCHÈRE

Nous ne pouvons terminer cette étude sur la résolution de la vente pour défaut de payement du prix, sans
dire quelques mots de la folle enchère.

Dans les ventes judiciaires, le défaut, de la part de
l'adjudicataire, d'exécuter les obligations qui lui sont
imposées par le cahier des charges, entraîne la revente de l'immeuble à sa folle enchère (art. 733 et
964 Code de proc.). Cette revente à la folle enchère est
elle-même une vente par autorité de justice.

La folle enchère a été édictée dans le but de protéger les créanciers hypothécaires du saisi et le saisi lui-
même. Lorsque l'adjudicataire ne remplit pas les

conditions du cahier des charges, et, en particulier, lorsqu'il ne paye pas son prix, les créanciers saisissants vont-ils être obligés de saisir à nouveau l'immeuble sur l'adjudicataire, et toutes les formalités, tous les frais de la première saisie seront-ils perdus pour eux? La loi ne l'a pas voulu, et, en organisant la folle enchère, elle leur a donné une garantie énergique contre l'adjudicataire qui s'est témérairement engagé et qui a manqué à ses engagements.

Ainsi, c'est au saisissant, aux autres créanciers inscrits, au saisi, c'est-à-dire aux personnes qui ont été liées à la poursuite, qu'appartient le droit de poursuivre la revente sur folle enchère, car c'est envers elles que l'adjudicataire s'était obligé. L'art. 733, d'ailleurs, est conçu en termes généraux.

Remarquons que la folle enchère est encourue, non seulement pour défaut de payement du prix, mais pour inaccomplissement des clauses de l'adjudication (article 733). Ainsi, il a été jugé que le notaire, qui a procédé à une vente publique d'immeubles, a le droit de poursuivre la revente de ces immeubles à la folle enchère, s'il n'est pas payé de ses frais que le cahier des charges met à la charge de l'adjudicataire (Bourges, 9 août 1862 ; Sir., 1863, 2, 20).

Nous allons étudier les effets produits par la revente sur folle enchère, en les comparant aux effets pro-

duits par la résolution de la vente par défaut de payement du prix.

Les deux procédés ont ce point commun qu'ils ont
pour résultat de reprendre la chose dans les mains de
l'acquéreur. Seulement, par la résolution, le bien revient au vendeur, tandis que l'adjudication sur folle
enchère en transfère la propriété à une autre personne.
Aussi, comprend-on que dans une vente de biens de
mineur, le mineur, qui a le choix entre les deux
moyens, puisse préférer le premier au deuxième.

Nous savons que dans les cas de résolution, le contrat de vente est anéanti aussi bien à l'égard de l'a-
cheteur, qu'à l'égard du vendeur, et que, si la propriété
de l'acheteur se trouve résolue, inversement l'acheteur n'est plus tenu de payer le prix : il est passible
seulement de dommages et intérêts.

En matière de folle enchère, on décide généralement que la nouvelle adjudication anéantit rétroactivement la propriété du fol enchérisseur, mais laisse
subsister ses obligations : c'est ce qui nous a permis de
dire au chapitre Ier que la folle enchère était sous certaines modifications une application du principe de la
condition résolutoire tacite.

Notre opinion, toutefois, n'est pas universellement
admise. La Cour de cassation (24 juin 1846 ; Dal.,1846,
1, 257), a décidé que le fol enchérisseur n'est pas,
comme nous le prétendons, propriétaire sous condition résolutoire, mais propriétaire sous condition sus-

pensive. Les ventes forcées, dit-on, sont essentiellement soumises à la condition suspensive du payement
du prix. Dans ces ventes, en effet, le payement du prix
forme une condition essentielle du contrat; les vendeurs ne suivent pas comme dans les ventes volontaires, la foi de l'acheteur; tant que l'acheteur ne paye
pas son prix, la vente est en suspens, et, s'il y manque,
elle ne peut pas se former, la chose est *inempta*.

Ce système de la condition suspensive nous semble
inadmissible en présence des art. 1184 et 1654 du Code
civil, dont la portée est générale. Pourquoi distingue-
rait-on entre les ventes forcées, et les ventes volontaires? Les ventes forcées ne sont-elles pas aussi bien
que les autres des contrats synallagmatiques dans lesquels l'obligation de payer le prix est corrélative à
celle de transférer la propriété? Sans doute, l'obligation de l'acheteur est plus strictement sanctionnée
dans les adjudications sur saisie, mais cette rigueur ne
suffit pas, en l'absence de textes pour en changer le
caractère. Nous pouvons donc le répéter, le fol enchérisseur voit sa propriété résolue. On peut dire encore
que l'adjudication sur folle enchère substitue rétroactivement un nouvel acquéreur, sans dégager le fol enchérisseur de ses obligations.

La propriété du fol enchérisseur étant rétroactivement résolue, il en résulte les conséquences suivantes:

1° Tous les droits réels consentis par le fol enchérisseur, tomberont, par application de la règle : *resoluto jure dantis, resolvitur jus accipientis.*

2° Si le fol enchérisseur était, antérieurement à l'adjudication, créancier hyothécaire du saisi. ces droits renaissent : on ne peut lui opposer la vente dans le but d'effacer son droit d'hypothèque préexistant sous prétexte de confusion, et son droit de créance sous prétexte de compensation.

Remarquons que la théorie de la Cour de cassation aboutit au même résultat : la vente forcée étant subordonnée à la condition suspensive que le prix sera payé, le manquement à cette condition empêche la vente de prendre naissance; il s'ensuit que ni la confusion, ni la compensation n'ont pu se produire.

Parmi les partisans de notre système, il en est qui n'admettent pas que le fol enchérisseur recouvre sur l'immeuble les droits réels qu'il avait avant l'adjudication; ils étendent, d'ailleurs, cette solution de la vente forcée à la vente volontaire. Toutes les fois, dit-on, que la dépossession de l'acquéreur provient d'un fait qui lui est imputable, et qui est postérieur au contrat, comme le défaut de payement du prix, « il serait inique que les droits éteints reparussent au préjudice des tiers intéressés à leur extinction; » la résolution a été prononcée par sa faute; or, d'après l'art. 1178, la condition doit être réputée accomplie, lorsque c'est le débiteur obligé sous cette condition qui en a empêché l'accomplissement.

Ce système n'est pas exact. Dans les ventes volontaires, la résolution qui résulte de l'art. 1184, ne provient pas d'une cause postérieure, mais d'une cause inhérente au contrat, d'une cause nécessaire. Puis, en matière de résolution, on n'a pas à distinguer, suivant qu'il y a faute ou non de la part du débiteur : les effets de la résolution sont indépendants de la cause qui l'a produite. Enfin, l'acquisition étant anéantie, serait-il juste de décider que la compensation ou la confusion, qui sont la conséquence de l'acquisition, se sont produites?

3° Nous admettons dans le cas d'adjudication sur folle enchère, comme nous l'avons admis dans le cas de vente volontaire, que les actes d'administration passés par l'acquéreur ne seront pas résolus : ainsi nous maintiendrons pour toute leur durée les baux passés sans fraude pour le fol enchérisseur.

4° Supposons qu'un ordre avait été ouvert entre les créanciers ayant hypothèque et avait abouti à la collocation de chaque créancier. Une revente sur folle enchère intervenant, on ne recommencera pas la procédure, et les collocations accordées s'exécuteront sur le prix de la nouvelle adjudication. Ce point faisait doute et a été résolu en 1858 par l'art. 779 du Code de procédure. La solution se comprend : les droits du fol enchérisseur sont résolus et un nouvel adjudicataire prend sa place ; mais c'est toujours la première adjudication qui est exécutée.

5° Si l'adjudication sur folle enchère se fait pour un

prix supérieur à celui de la première adjudication, le fol enchérisseur ne pouvait pas réclamer l'excédant de prix : en effet, il est censé n'avoir jamais été propriétaire, il serait d'ailleurs singulier que son manque de foi fût pour lui une source de profit. Au surplus l'article 740 du Code de procédure, déclare que « l'excédant sera payé aux créanciers, et, si les créanciers sont désintéressés, à la partie saisie. »

Inversement, il résulte de l'idée que les obligations du fol enchérisseur survivent les conséquences suivantes :

1° Si le prix de l'adjudication nouvelle est inférieur à celui de l'adjudication primitive, le fol enchérisseur reste tenu de la différence des deux prix (art. 740). Ainsi, c'est comme obligé en vertu de la vente que le fol enchérisseur doit payer le surplus du prix : on doit en conclure que cette somme sera attribuée non pas à tous les créanciers sans distinction, mais aux créanciers inscrits par préférence, car c'est envers eux seulement qu'il s'est obligé (Cass., 12 août 1862 ; Sir., 18, 2, 1, 1028). — On a soutenu, cependant, que cette différence était due par le fol enchérisseur à titres de dommages et intérêts et qu'elle devait profiter à tous les créanciers indistinctement : en effet, la revente effaçant la première adjudication, la somme à payer a son principe dans la condamnation prononcée contre lui et non dans cette vente. On peut répondre que, même en supposant que cette somme dût être considérée comme une indemnité purement mobilière, imposée au fol enchérisseur pour inexécution de ses obligations, elle devrait encore profiter aux créanciers inscrits, par cela même que c'est à eux que l'inexécution a porté un préjudice (Paris, 17 juillet 1872 ; Sir., 1872, 2, 123).

2° Supposons que l'immeuble soit revendu à un prix supérieur à celui de la première adjudication, le fol enchérisseur n'est pas déchargé de son obligation quels que soient les événements ultérieurs. On a encore soutenu le contraire, en s'appuyant sur la résolution de la première adjudication par la deuxième. Mais nous savons que l'obligation du fol enchérisseur survit à la résolution de ses droits, d'où il suit que, si le prix de la revente n'est pas effectivement payé par le nouvel adjudicataire, son obligation ne peut prendre fin (Paris, 6 décembre 1877 ; Sir., 1878, 2, 161). On peut ajouter, avec la Cour de cassation, que la témérité d'un second acquéreur ne doit pas exonérer le premier des suites de sa témérité : sinon il serait trop facile au premier adjudicataire de causer un préjudice aux créanciers en s'entendant avec une personne insolvable, qui se porterait adjudicataire pour un prix supérieur au sien et qui ne payerait pas.

3° Il résulte encore de la même idée que lorsqu'après une première adjudication sur folle enchère pour un prix supérieur à celui de l'adjudication primitive, une deuxième adjudication sur folle enchère a lieu pour un prix inférieur, l'adjudicataire primitif est tenu de la différence (Cass., 22 décembre 1879; Sir., 1880, 1, 125).

L'art. 7, de la loi du 23 mars 1855 est-il applicable dans le cas de folle enchère? Autrement dit, le droit de poursuivie la revente sur folle enchère est-il subordonné à la conservation du privilège?

Prenons une espèce. Une vente de biens de mineurs ayant eu lieu, l'adjudicataire ne paye pas et revend à un sous-acquéreur. Le privilège du vendeur mineur n'a pas été conservé, par hypothèse. Aussi, le mineur ne peut-il plus invoquer son droit de résolution contre le sous-acquéreur. Dans ces conditions, pourra-t-il faire procéder à la revente sur folle enchère, et le sous-acquéreur ne pourra-t-il pas répondre que le privilège étant éteint à son égard, l'exercice du droit de demander la revente sur folle enchère, est perdu?

Nous avons vu que, pour le sous-acquéreur, les résultats produits par les deux moyens sont identiquement les mêmes : le bien lui est retiré. Cette analogie a fait soutenir que la disposition de l'art. 7 était applicable ici, et que le mineur devait être repoussé de sa demande. Mais, les tribunaux ont décidé le contraire, et avec raison. L'art. 7 édictant une déchéance contre le vendeur, on ne doit pas l'étendre. Or, s'il est vrai que la revente sur folle enchère ressemble sous certains rapports au droit de résolution pour défaut de payement du prix, elle s'en distingue cependant par des différences essentielles, et notamment, elle n'a pas pour objet de faire rentrer l'immeuble dans les mains de l'ancien propriétaire (Bordeaux, 2 août 1860; Sir., 1861, 2, 158; Bourges, 12 janvier 1876, 1877, 2, 101).

Nous pouvons maintenant résumer les différences qui séparent la revente sur folle enchère du droit de résolution :

1° La revente sur folle enchère a lieu pour inexécution des clauses du cahier des charges et non pas seulement pour défaut de payement du prix.

2° La propriété de l'acquéreur est anéantie, mais ses obligations subsistent.

3° Le bien ne fait pas retour à l'ancien propriétaire, mais passe à un nouvel acquéreur.

4° La revente sur folle enchère est indépendante du privilège du vendeur.

POSITIONS

DROIT ROMAIN

I. A l'époque classique, l'*arbitrium* du juge pouvait être exécuté *manu militari*.

II. Le vendeur n'avait pas de privilège pour la garantie du payement du prix.

III. L'acheteur qui avait reçu tradition de la chose sous la condition de payement du prix, n'en devenait pas moins possesseur : aussi le vendeur avait-il intérêt à faire insérer au contrat une clause de bail ou de précaire.

IV. La *lex commissoria* pouvait affecter la forme d'une condition suspensive.

V. Le vendeur refusant d'accepter le prix, il n'était pas nécessaire que l'acheteur fît suivre son offre d'une consignation pour éviter la déchéance résultant de la *lex commissoria*.

VI. Le vendeur, qui optait pour la résolution du contrat, devait restituer les acomptes qu'il avait reçus.

VII. L'action *venditi* et l'action *præscriptis verbis* étaient arbitraires.

VIII. La propriété, à l'époque classique, ne faisait pas retour au vendeur, *ipso jure*. Ulpien, cependant, accordait déjà au vendeur la revendication.

IX. L'accomplissement de la *lex commissoria*, sous Justinien, n'avait pas pour effet d'effacer rétroactivement la propriété de l'acheteur.

DROIT FRANÇAIS

I. Le tiers, qui est subrogé conventionnellement ou légalement à la créance du prix du vendeur, peut exercer l'action résolutoire de l'art. 1654.

II. La résolution qui résulte du pacte commissoire tacite peut être faite à l'amiable.

III. Lorsque le prix consiste en une rente viagère, les parties peuvent convenir que le contrat sera résolu pour défaut de payement des arrérages.

IV. Lorsque l'objet mobilier vendu est devenu, par le fait de l'acheteur, immeuble par destination, les créanciers hypothécaires inscrits sur l'immeuble, ne sont pas fondés à repousser l'action résolutoire du vendeur.

V. Lorsque l'immeuble, objet de la vente, a été revendu par l'acheteur, et que celui-ci a délégué le prix de la deuxième vente à son vendeur, si ce premier vendeur renonce à son action résolutoire, cette résolution ne porte pas atteinte à l'action résolutoire de l'acheteur, deuxième vendeur.

VI. Le droit de demander la résolution de la vente pour défaut de payement du prix, s'éteint au profit de l'acquéreur de bonne foi de l'immeuble par la prescription de dix ou vingt ans, à compter de l'entrée en possession.

VII. Les créanciers de la faillite de l'acheteur peuvent opposer au vendeur la disposition de l'art. 7 de la loi du 23 mars 1855.

VIII. L'art. 7 de la loi du 23 mars 1855 n'est pas applicable au cas de revente sur folle enchère.

DROIT DES GENS

I. Les jugements prononcés, avant l'annexion, par les tribunaux des pays annexés au territoire français, ne sont pas exécutoires de plein droit sur le sol français.

II: Un État abolitioniste ne doit pas livrer les esclaves réfugiés sur son territoire, même lorsque leur extradition est demandée pour des crimes de droit commun qui ont précédé ou accompagné leur fuite.

DROIT PÉNAL

I. Des poursuites ne peuvent être exercées à raison du délit d'usure, qu'autant que les différentes stipulations, dont la réunion constitue le délit, remontent à moins de trois ans.

II. La prescription du délit d'usure court, non pas du jour de la dernière perception usuraire, mais du jour de la dernière stipulation.

HISTOIRE DU DROIT

I. L'origine du colonat se place dans la transplantation au sein de l'Empire, des barbares prisonniers.

II. Les *Etablissements de saint Louis* ne sont pas un document législatif émané de ce prince.

Vu par le président de la thèse,

C. BUFNOIR.

Vu par le doyen de la Faculté,
CH. BEUDANT.

Vu et permis d'imprimer,
Le vice-recteur de l'Académie de Paris,
GRÉARD,

TABLE DES MATIÈRES

—

DROIT ROMAIN

DROIT FRANÇAIS

ANCIEN DROIT

DROIT MODERNE

www.ingramcontent.com/pod-product-compliance
Lightning Source LLC
Chambersburg PA
CBHW070503200326
41519CB00013B/2695